경제 비상 상황, 주식으로 비상하라

묻고 지키고 마크하는 주식 투자

최 종 훈 지음

경제 비상 상황, 주식으로 비상하라

묻고 지키고 마크하는 주식투자

최종훈 지음

연 540% 흑자 신화 주인공의
미래주식전망 보고서

 월가 영웅들의
투자 전략 수록

 유망 산업군
10가지 추천

 피톤치드

주식으로 희망을 벌다

　우선 나의 이야기로 시작해야겠다. 대학에 갓 입학한 스무 살 때, 나는 돈이 고팠다. 이런저런 이유로 돈을 벌어야겠다는 생각에 군 입대를 하면서 주식 관련 책을 샀다. 주식으로 돈을 벌 수 있다는 이야기를 해준 사람은 아무도 없었다. 2000년대 초반은 세계적으로 경제가 흥왕했던 시기였고, 국내 경제도 주가가 상승세였기에 그냥 주식에 꽂힌 것이다. 군 생활을 하면서 50권이 넘는 주식 관련 책을 읽고 내린 결론은 '주식 투자로 제대로 돈 벌긴 힘들겠다'였다.

　나이도 어렸고, 경험도 전무했던 내게 주식 투자 세계는 그저 막연했다. 범위가 너무 넓었고 변수도 많았기에 전의를 상실했다고나 할까? 아무리 생각해도 거시적으로나 미시적으로나 성공률이 낮아 보였다. 오를 것인가 떨어질 것인가. 단순히 생각하면 50% 확률 싸움 같지만 이건 뭐 한 치 앞을 가늠할 수 없는 변수가 천지였다. 소중한 돈을 맡기고 두 손 모아 간절히 기도하는 게 전부인 도박에 가까워 보였다.

그래서 내가 주식 투자에 대한 생각을 접었을까? 아니다. 기특하게
도(?) 나는 도박에 가까운 주식 투자 성공률을 실전 연습을 통해 높여
보기로 결심했다. 누군가는 수익을 내고, 또 누군가는 손해를 보는 주
식 투자 세상에서 이길 확률을 높이는 건 노력 여하에 따라 가능할
거라는 믿음이 있었다. 그 노력이라 함은 이런저런 기법이었다.

우선 시드머니가 필요했다. 투자를 위해 돈을 모으기 시작했다.
학생으로서 돈을 모을 수 있는 방법은 아르바이트뿐이었다. 안 해본
아르바이트가 없었다. 다양한 업종을 섭렵한 뒤 어렵게 500만 원을
모았다. 그 돈은 내 생애 최초 주식 투자금이 되었다. 나름 괜찮은
종목들을 선정한 뒤 비장의 무기를 꺼내들었다. 요술 방망이처럼 돈
을 부풀려줄 것만 같은 기법이란 기법은 다 대입해보며 어떻게든 수
익률을 높여보려 했다. 그런데 이게 웬일, 500만 원이 홀랑 날아가
버렸다.

야심차게 시작한 첫 번째 주식 투자가 실패하자 가슴속 깊은 곳
에서 뭔지 모를 투지가 생겼다. 욕심이었던 것 같다. '욕심이 잉대하

면 죄를 낳는다'라는 성경 말씀이 그대로 적용되었다. 빈털터리가 된 뒤 급기야 돈을 마련할 길이 없어 제2금융권을 통해 1,000만 원을 대출받았고, 그 돈으로 무리하게 주식 투자에 손을 댔다. 과연 탐심이 관여한 주식 투자는 분별력을 잃게 만들었고, 나는 1,000만 원이란 빚을 고스란히 떠안게 되었다.

'아, 역시 주식은 안 되는 건가? 확률을 높일 순 없을까?'

두 차례의 실패를 경험한 뒤 내가 무릎을 꿇었다면 지금의 나는 없었을 것이다. 다행히 하나님께서는 내가 또 한 번의 도전, 그러나 이번에는 완전히 다른 도전을 하도록 이끄셨다. 사회복지학을 전공하던 시기에 지인의 소개를 받아 자산운용사 쪽에서 아르바이트를 하게 되었다. 돈을 버는 목적과 인생의 방향을 잡고 가려는 나를 어여삐 여기신 하나님께서 지인을 통해 기회를 주셨다고 생각했다.

나는 감사한 마음으로 자산운용사 막내로 합류했고, 비로소 주식 투자의 실전 세계를 경험할 수 있었다. 아무것도 모르는 신출내기 막내였지만 어깨너머로 배우려고 노력했고, 경험 많은 선배 밑에서 살아 있는 노하우를 배웠다. 정말 빡세게 일하고 배우면서 주식 투자 성공률을 높이는 노하우를 나름 터득했다. 그로 인해 20대 중반에 집을 두 채나 보유하게 되었고, 차 두 대를 굴릴 정도의 자산을 확보할 수 있었다.

'그래, 이 정도 벌었으면 됐어. 이제 본래 가려던 길을 가자.'

생활에 여유가 생기자 전공한 사회복지사의 길을 걸으며 주식과는 멀어졌다. 그런데 인생은 롤러코스터다. 어느 날 갑자기 사기를 당해 가지고 있던 자산을 모두 잃었다. 또다시 빈손이 되었다. 나름 화려하고 풍족하게 지내던 나는 하루아침에 반지하 방으로 밀려났다. 당시 결혼까지 하면서 궁핍함이 극에 달했을 때, 돈이 생명체처럼 움직인다는 사실과 돈을 우상으로 삼으면 돈이 한순간에 사라질 수도 있다는 사실을 깨닫게 되었다. 괴로웠고, 한심했고, 조급했고, 억울했다. 하지만 어두운 터널의 시간을 보내며 돈에 대한 생각을 많이 할 수 있었다. 내게 허락하신 재정을 어떻게 운용해나가야 하는지, 재정을 어떤 의미로 받아들여야 하는지 기도하며 지혜를 구했다.

얼마 뒤에 금융권으로 컴백한 나는 한 자산관리 회사에 입사해

보험 영업을 시작했고, 론칭한 지 얼마 되지 않은 투자컨설팅 회사로 옮겨 주식 투자를 배웠다. 모든 것을 새롭게 배운다는 마음으로 일하며 주식 투자 컨설팅 노하우를 쌓을 수 있었다. 고객과 부딪히고 사수에게 혼나며 나만의 분석법, 나만의 기법이 세워지기 시작하자 주식 투자는 희망이 되었다. 손을 대는 주식 투자마다 연속 흑자 행진이었다.

'아, 이렇게 하면 되는구나.'

흑자는 자신감을 낳았고, 자신감은 도전을 낳았다. 뜻한 바가 있어 한국자산투자컨설팅이라는 회사를 설립하고 짧지만 강렬했던 주식 투자에 관한 경험과 노하우를 나누기 시작했다. 회사까지 세워 투자 컨설팅을 하게 된 건 순전히 나눔에 대한 소원 때문이었다. 좋은 건 나눠야 한다. 좋지 않은 건 알려주어야 한다. 혼자 잘 먹고 잘 살 수도 있을 세상에서 모두가 풍요로운 세상을 추구하게 된 것은 분명 잘한 일이지만 부담스러운 길이다. 그래서 늘 고민한다.

주식 투자는 투자금 싸움이라기보다 정보 싸움이다. 그런데 또 정보 싸움이 전부는 아니다. 심리 싸움에 더 가깝다. 실제 주식 투자를 시작하면 끊임없이 생각과 싸우고, 심리를 예측하고, 열심히 머리를 굴려 경우의 수를 따진다. 돈이라는 존재에 심리라는 추상적인 것이 들어가니 헷갈린다. 이런 상황이 짜증스럽게 느껴지는 사람은 다른 분야를 두드리는 게 좋다. 하지만 애매모호하고 변수에 따라 다양한 경우가 생기지만 그 속에 합리적인 의심과 객관적 근거가 존재하기에 예측이 가능하기도 한 상황을 즐기는 사람이라면 주식 투자가 적합하다.

나는 주식 투자로 희망을 잡았고, 많은 사람에게 희망을 연결해 주고 있다. 지금도 많은 투자자가 돈을 좇으며 산다. 하지만 바라건대 돈보다 한 차원 더 높여 희망을 보고 투자의 길로 들어서길 바란다. 주식을 한낱 돈이 아닌 희망으로 보면 심리 싸움에서 훨씬 유리한 고지를 차지할 수 있다. 이제부터 그 희망 보기의 노하우를 공개할까 한다.

2020년 현재, 세계 경제 상황은 비상 상태라 해도 과언이 아니다. 그만큼 어려운 상황이 될 것이다. 이미 각계에서 경제에 대한 긍정적 전망보다 부정적 전망을 내놓고 있다. 하지만 누군가는 투자에 성공한다. 워런 버핏, 피터 린치만 성공하는 게 아니다. 주변에 있는 누군가는 돈을 번다. 모두가 날아오를 시도조차 하지 않고 있을 때 비상(飛上)을 꿈꿔야 한다. 그래야만 가능성에 조금 더 가까이 다가설 수 있다. 이 책이 당신의 비상에 도움이 되기를 진심으로 소망한다.

최종훈

차례

Part 1.
흐름을 읽다

Part 2.
성공을 위해 주목해야 할 흐름

Part 3.
흐름을 타라: 어떤 산업에 투자할까?

Part 4.
뭍.지.마 실전 전략

Part 1.
흐름을 읽다

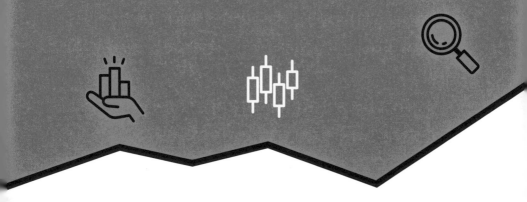

묻지마 투자 본능을 일깨우다

누구나 대박을 꿈꾼다. 꿈속에 숫자 몇 개만 나와도 서둘러 편의점으로 달려가 로또를 사고, 주식이 상한가를 쳤다는 소식에 증권사를 기웃거린다. 사촌이 땅을 사면 이상하게 배가 아프고, 백만장자가되어 세상을 호령하는 상상을 하면 기분이 좋아진다. 그래서 돈이 모이는 곳에 사람이 모이고, 사람이 모이는 곳에서 각종 정보가 탄생한다.

한 CEO의 말이 생각난다. 그는 "사람 사는 데 있어 삼시 세끼 먹는 건 똑같고, 오히려 열심히 일하다 보면 세끼는커녕 끼니 굶는 일도 많은데 왜 그렇게 아등바등 돈을 벌려고 하는지 모르겠어"라고말했다. 그런데도 왜 그렇게 다들 돈을 벌고 싶어 하는 것일까? 돈이라는 재화가 많은 부분을 충당하기 때문이다. 밥은 물론 삶의 질을 높이기 위해선 돈이 필요하다. 사람은 끊임없이 무언가를 필요로 하는 존재이고, 제대로 그 필요를 충당해야 한다.

오늘도 사람들은 돈이 있는 곳으로 몰린다. 안타까운 것은 대부분 불나방 속성을 버리지 못한다는 사실이다. 돈 앞에서는 무조건 직진이다. 이 대목에서 반론하는 이들도 많을 것이다. 자신은 누구보다 신중하고, 많이 알아보고, 꽤 눈치가 약은 사람이라며 억울해할 수도 있을 텐데, 물론 아주 좋은 습성이다. 다만 불나방의 속성을 벗어날 필요가 있다.

나는 한국자산투자컨설팅을 설립하고 수년간 수많은 고객을 만났다. 초보 투자자부터 다년간 이 업계에 몸담고 있으면서 산전수전을 겪은 분들까지 참으로 다양한 분들을 만났다. 이 분들이 우리 회사를 찾은 이유는 비슷하다. 성공적인 투자를 꿈꾸었으나, 아니 좀 더 솔직히 말하면 돈을 벌기 위한 요량으로 투자를 했으나 실패했기 때문이다.

"고객님, 그동안 어떻게 투자하셨어요?"

"음… 그게 그러니까… 주변 이야기를 듣기도 하고, 남들이 많이 관심을 갖는 곳에 투자하기도 하고 그랬어요."

"정확히 어느 종목에 얼마나 투자하셨고, 수익률은 어느 정도였나요?"

"어디였더라… 얼마였더라… 그러니까 수익률이……."

전형적인 문지마 투자였다. 나름 고심하고 분석 좀 해본다고 차트도, 뉴스도, 신문도 봤는데 정확한 정보가 없다. 이러한 비정확성이 손해로 이어지고, 손해가 손해가 부르고, 그것을 만회하려 욕심을 부리다 손쓸 틈 없게 되어버린 것이다. 이 모습은 불나방과 비슷하다. 불나방은 앞뒤 가리지 않고 무조건 불빛을 보고 뛰어든다. 그들에게 후진은 없다. 수익을 위해 이 몸 하나 불사를 각오로 나아가다가 결국 타버린다.

돈을 제대로 벌고 싶다면 불나방 속성을 버려야 한다. 프로세스를 바꿔야 한다. 불나방의 행동 패턴은 이렇다. 불빛을 발견하면 무조건 빛을 향해 돌진한다. 그리고 자신이 타는 것도 모른 채 빛의 황홀경에 빠져 있다가 불과 함께 소멸된다. 즉 발견, 직진, 소멸이다.

하지만 나비는 조금 다르다. 꽃을 발견한 나비는 무조건 달려들지 않는다. 다른 꽃들 사이를 날아다니다가 꿀이 있는 꽃에 앉는다. 그리고 끊임없이 경계하면서 꿀을 먹을 만큼 먹고 홀연히 떠난다. 즉 발견, 경계, 직진, 돌아서기의 패턴을 가지고 있다.

주식 투자 컨설팅을 하면서 수많은 불나방의 소멸을 봤지만 나비의 고상한 비상도 보았다. 행동 패턴의 약간의 변화, 불나방에서 나비로의 정체성의 변화 덕분이다. 물론 아직도 가야 할 길이 멀다. 하지만 감사하게도 3년 연속 흑자 행진을 계속해 오면서 확신하게 된 주식 투자 노하우는 '문지마 전략'이다. 현명한 독자라면 실패한 '문지마 투자'가 아니라는 사실을 눈치 챘을 것이다.

주식 투자는 끊임없이 묻고 답하고 묻고 답을 찾는 과정이다. 자신의 소중한 자산을 불리는 것도 중요하지만 잘 지켜내는 것도 중요하다. 그리고 전쟁터와도 같은 세상에서 공격으로부터 자산을 지켜내는 동시에 역으로 점수를 따내는 마크도 필요하다. 묻고 지키고 마크하는 '묻.지.마 전략'이 이렇게 탄생되었다. 지금도 이 전략으로 모두가 어렵다는 이 시기에 흑자 행진을 이어가고 있다.

주식에 투자하면 상당한 수익률을 올리던 때가 있었다. 사두기만 하면 저절로 올라 지갑을 두둑하게 만들던 투자 호시절도 분명히 있었다. 하지만 지금은 다르다. 달라도 살벌하게 다르다. 경제 성장은 갈수록 둔화되고, 투자는 더더욱 어려워졌으며, 수익을 내는 일은 요원해지고 있다. 돈 벌기 어렵다고 다들 아우성이다.

하지만 희망적이면서도 재미있는 사실은, 누군가는 돈을 벌고 있다는 것이다. 가깝게는 우리 회사 고객들이 그렇고, 주변에 투자깨나 한다는 분들이 그렇다. 그들은 어려운 이 시기에도 차곡차곡 수익률을 내고 있다. 천에 하나, 만에 하나 있는 경우도 아니다. 어렵지만 불가능한 일도 아니다.

오늘도 아침 댓바람부터 고객의 전화가 걸려왔다. 장이 시작하자마자 걸려오는 전화는 대부분 컴플레인이다. 아니나 다를까 불안한 예감은 틀리지 않았다. 남편 몰래 돈 좀 불려볼까 싶어 주식 투자를 의뢰한 고객의 전화였다. 레퍼토리는 늘 같다. 왜 추천해준 종목이 수익이 나지 않느냐, 지금 당장 돈을 빼야 하는 거 아니냐 등의 푸념이 이어졌다. 참고로 고객은 어제 주식을 샀다. 컨설팅을 할 때 2주 정도 기다려보면서 예상 수익을 기대하고, 5% 손실이 나면 빼기로 했음에도 그새 이성을 잃은 것이다. 단 하루도 기다리지 못하고 애면글면하는 본성 앞에서 나는 묻지마 전략을 상기시키며 우아한 나비가 될 것을 부탁했다.

고맙게도 믿고 따라준 고객은 3일 뒤에 웃으며 전화를 했다. 역시 대표님 말을 믿었더니 결과가 좋다는 둥 공치사를 했다. 물론 고객의 수익이 높으면 덩달아 기분이 좋아지고 뿌듯해진다. 수익률 배분을 떠나 삶의 수단에 불과한 돈에 끌려가지 않을 수 있기 때문이다. 그로 인해 나는 오늘도 성공적인 주식 투자를 위해 노력할 수밖에 없다.

나는 주식 투자로 한때 빈털터리가 된 적도 있지만 이제는 제법 실적과 전망을 갖춘 투자 회사의 CEO가 되었다. 롤러코스터 같은 인생의 굴곡을 함께한 주식 투자는 그래서 더 애정이 간다. 수년간 주식 투자 컨설팅으로 흑자 경영을 이어가고 있는 이 기세를 몰아 다가올 저성장 불안정 경제 시대에 주식 투자에 대한 조언을 감히 해보고자 한다.

경제는 여전히 힘들 것이다. 녹록하지 않을 것이다. 그럼에도 누군가는 수익을 낼 것이다. 그 행운 속에 여러분이 있기를 바란다. 위너가 되는 길은 어렵지 않다. 고상한 나비를 꿈꾸고 묻.지.마 전략으로 나아가면 된다.

왜 주식인가

왜 하필 주식일까? 사실 자본주의 사회에서 돈을 버는 방법은 다양하다. 개인의 자산 증식을 합법적으로 인정하는 경제 체계에서 자산은 노력에 의해 얼마든지 불릴 수 있다. 문제는 돈을 벌고 싶은 마음은 굴뚝같지만 그게 잘 안 된다는 것이다.

그렇다면 사람들은 어떻게 돈을 벌려고 할까? 평균적인 수준의 사람이 제일 먼저 떠올리는 것은 바로 저금이다. 하지만 알다시피 1%대 금리 선마저 무너진 요즘 같은 상황에서 예적금으로 자산을 불린다는 건 사실상 힘들다. 그렇다면 가장 보편적인 방법으로 부동산 투자를 떠올릴 수 있다.

우리나라 국민 치고 땅과 집을 싫어하는 사람은 없다. 자산을 불려볼 요량으로 '어디 어디가 재개발이 된다더라', '어디에 신도시가 들어선다더라'와 같은 정보에 귀를 쫑긋 세운다. 투자금도 없으면서 말이다.

설사 무리해서 부동산 투자를 했다 해도 대박이 나는 일은 드물다. 부동산은 기다림이 필요하다. 개발이 될 때까지 기한 없이 기다려야 할 때도 많다. 그러니 당장 재정의 이슈가 있을 땐 기다릴 수 없으니 처분하고, 그로 인해 별다른 수익을 얻지 못한다. 쉽사리 도전할 수 없고, 하기도 힘든 게 부동산 투자다.

그렇다면 남은 건 하나, 주식 투자다. 주식은 낮은 가격에 사서 올랐을 때 팔면 그 차액만큼의 이익을 보는 매우 단순한 구조다. 주식 투자는 부동산 투자에 비해 절차가 간소하지만 하루에도 몇 차례 지수가 움직이기 때문에 예측이 불가능하다. 이러한 속성 때문에 우리나라의 경우, 아직까지 주식 투자에 소극적이다.

그래도 주식투자협회의 2018년 자료를 살펴보면 국내 주식 시장 투자자는 증가하고 있다. 2018년 12월 기준, 국내 주식 시장 투자자가 전년 대비 10% 이상 증가하여 10명 중 1명꼴로 개인 투자에 참여하는 것으로 나타났다. 대부분 개인 주주로, 예탁 자산 10만 원 이상, 6개월간 한 차례 이상 거래한 주식 거래 활동 계좌가 무려 2,702만 개다.

연령별로 차이가 있지만 50대 이상의 참여가 높아지고 있다. 고령화 사회가 계속되고, 저금리 환경 속에 주식 투자에 대한 필요성

개인 주식 투자자 연령별 현황

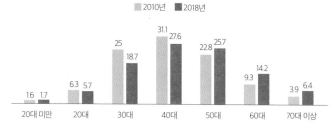

출처: NH투자증권 100세시대연구소

2018년 12월 결산 주식 투자자 현황

출처: NH투자증권 100세시대연구소

개미들의 저조한 주식투자 수익률(단위=%)

*개인 순매수 상위 10개 종목 수익률 기준, 자료=키움증권

2018년 투자 주체별 코스닥 순매수 상위 10개 종목

	개인		기관		외국인	
	종목별	수익률 (%)	종목별	수익률 (%)	종목별	수익률 (%)
1	셀트리온헬스케어	-29.3	CJ ENM	-12.6	카페24	29.9
2	인터플렉스	-75.8	와이지 Ent.	64.6	바이로메드	55.5
3	테스	-68.2	에스엠	50.7	에이치엘비	106.7
4	동구바이오제약	-39.7	바이로메드	55.5	펄어비스	-16.0
5	울릭스	-5.0	신라젠	-21.4	메디톡스	22.5
6	재영솔루텍	-39.0	서울반도체	-30.5	셀트리온제약	3.8
7	JTC	-52.1	에스모	141.7	더블유게임즈	15.7
8	아이큐어	-43.5	제넥신	-0.5	유니테스트	-18.0
9	에이비엘바이오	48.1	삼천당제약	146.0	미래컴퍼니	-42.8
10	아모텍	-63.5	JYP Ent.	120.0	SK머티리얼즈	-16.1

출처: NH투자증권 100세시대연구소

이 반영된 결과라 할 수 있다. 물론 개인 투자자는 법인이나 기관에 비해 소액을 투자하는 경우가 많다.

참여도가 높아진 만큼 성과는 어땠을까? 안타깝게도 투자 성과는 저조했다. 코스닥 순매수 10개 종목을 기준으로 단순 평균 수익률을 조사해봤더니 -36.8%였다. 같은 기간 코스닥지수 수익률 -15%과 비교했을 때 상당히 부진한 성적이다. 투자의 대다수를 이루는 개인 투자자가 손해를 보는 구조가 만성화되고 있기 때문이다. 내가 주식 투자에 뛰어들었던 초기에 겪은 전철과 다를 바가 없다.

주식 투자 참여도는 높아졌으나 성과가 그리 좋지 않다. 지금도 곳곳에서 주식 투자 실패로 얼굴을 찌푸리고 있는 사람이 많다. 이런 까닭에 주식 투자를 리스크가 큰, 도박성이 강한 투자로 여기는 사람이 많다.

그럼에도 주식 투자는 상당히 매력적이다. 부동산 투자는 세계적으로 포화 상태에 이르렀다. 우리는 세계 경제가 최근 몇 차례에 걸쳐 휘청거렸음을 잘 알고 있다. 2008년 리먼 브라더스 사태로 인해 세계 글로벌 경제가 사실상 장기간 부진으로 이어졌다. 골드만삭스, 모건스탠리, 메릴린치에 이어 세계 4위 투자은행으로 꼽혀온 리먼 브라더스가 파산 보호 신청을 하면서 글로벌 금융 위기를 촉발하게 된 데에는 미국 부동산 가격 하락과 그에 따른 서브프라임 모기지론 부실이 지목되고 있다.

리먼 브라더스 사태는 역사상 최대 규모의 파산으로 이어지면서 글로벌 금융 시장은 물론, 부동산 시장에 엄청난 충격을 몰고 왔다. 미국에서 불어온 강풍이 아시아 전역까지 영향을 미치는 나비 효과를 가져왔다. 이 사태로 인해 부동산 투자에 대한 인식도 달라졌다.

이는 가까운 일본의 경제 침체에도 영향을 미쳐 오늘에 이르고 있다. 우리나라 역시 영향을 받았다. 하지만 우리나라의 경우, 자산을 바라보는 인식의 관점이 조금 다르다. 우리나라 국민은 부동산에 워낙 약하다. 예부터 집에 대한 집착이 너무 강해 평생 집 한 채 마련하는 게 소원이고, 집 없는 서러움을 가장 큰 서러움으로 여긴다. 그 까닭에 부동산 세계에 투기와 투자가 만연하다. 땅과 집은 사두면 무조건 오른다는 고정관념이 있다. 실제로 그래왔기에 돈이 부동산으로 상당히 편중되게 몰려 있다.

경제 선진국은 부동산과 금융 자산이 3:7 또는 4:6으로 배분되어 가는 것에 비해 우리나라는 여전히 부동산 투자에 편중되어 있다. 이는 미국이나 일본의 주식 시장에 비해 우리나라 주식 시장이 저평가되고 있기 때문이기도 하다. 밀레니엄 시대가 시작되면서 우리나라 주가가 2,000포인트를 찍었을 때 한껏 고무되기도 했는데, 20여 년이 지난 지금도 여전히 2,000포인트를 웃돌고 있다. 성장은 커녕 뒷걸음쳤다고 볼 수 있다. 이런 결과가 나온 것은 세계정세와 글로벌 금융의 이해관계가 얽혀 있기 때문이다. 하지만 우리나라의 주식 시장이 저평가되고 크기가 작다는 사실은 자명하다. 실거래되고 있는 것만 보더라도 우리나라 주식 시장은 전 세계의 3% 정도밖에 되지 않는다.

하지만 전 세계 경제가 부동산과 금융 자산의 비율이 비슷해져 가는 상황으로 볼 때 우리나라도 조정 시기가 올 것이다. 누구나 알고 있듯 우리나라 부동산 시장의 거품이 크고, 정부 차원에서도 이미 정책적인 제재를 가하고 있다. 이러한 기조는 계속될 것이다. 언제까지 집값, 땅값이 오를 수만은 없지 않겠는가.

경제를 살리는 차원에서도 주식 투자가 미치는 영향이 있다. 물론 누구나 자신의 자산을 불리기 위해 투자를 하지만 거시적인 측면에서 볼 때 주식 시장이 커지는 것은 분명 기업 입장에서는 청신호다.

또 하나, 삶의 질이 높아지면서 돈이 많아짐에 따라 투자에 대한 개념이 바뀌어 가고 있다. 현재 국민 1인당 GDP는 3,256달러다. 얼마 전에 IMF 신용 등급을 낮추긴 했지만 우리나라 경제성장률은 2%이고, 신용 등급도 높은 편이다. 삶의 질이 높아졌음을 의미한다. 주요 투자 계층은 베이비붐 세대다. 그들은 은퇴를 앞두고 있는 시점에서 금융 자산에 대한 투자처를 고민하고 있다. 그들은 이미 자영업의 실패 사례를 지켜봤다. 은행 금리가 낮아 눈을 돌리는 곳이 주식이다.

그 외 좀 더 실제적으로 주식 투자의 장점도 생각해볼 수 있다.

† 부동산에 비해 성장 속도가 빠르다.

† 주식은 하루에도 30% 수익을 올릴 수 있다. 물론 -30%가 될 수도 있다.

† 주식 투자는 세금이 거의 없다.

† 소액으로도 기업의 주주가 될 수 있다.

† 소액으로 투자를 시작할 수 있다.

† 손쉽게 투자할 수 있다. 단, 지속적인 관심과 공부가 필요하다.

주식 투자에 실패하는 이유

투자컨설팅 회사를 경영하다 보니 하루에도 수많은 고객과 연락을 주고받는다. 모두가 소중한 고객이기에 한 사람 한 사람 정성을 다해 응대하지만 당황스러울 때도 있다. 누구에게나 자신의 돈은 소중하다. 그런데 너무 기다릴 줄 모른다. 투자라는 것은 단기간에 수익을 올릴 수도 있지만 사안에 따라 기다림이 필요할 때도 있고, 적절한 시기에 손절매하여 손해를 최소화해야 할 때도 있다.

"대표님, 오늘 주가가 떨어졌는데 팔아야 하는 거 아닌가요?"

"고객님, 매수한 지 반나절도 지나지 않았습니다."

"그래도 200원이나 빠졌잖아요. 손해 보는 건 절대 못 참아요."

주가라는 것이 예측대로 움직여주면 얼마나 좋을까. 하지만 누구나 알고 있듯 주가는 늘 물결치고 파동을 친다. 그래야 그 속에서 돈이 움직이는 것이다. 어쨌든 반나절도 안 되어 200원이나 손해를 보았다며 팔아야 하는 거 아니냐고 다그치는 고객에겐 또 한 번 설명을 해야 한다. 처음에 왜 이 투자를 하게 되었는지, 어느 정도 기간을 둬야 하는지, 그리고 기업 주가에 대한 분석과 전체적인 경제 흐름에 따른 개별주의 분석 등을 설명한다.

설명을 하면 반응은 두 가지다. 경솔했다며 조금 더 신중히 상황을 지켜보자는 고객이 있고, 설명은 설명이고 잃은 건 잃은 거라며 막무가내로 매도하자고 다그치는 고객이 있다. 어떤 경우든 이해하지만 쓸쓸한 마음이 든다.

주식 투자에 성공하지 못하는 이유를 여기서 찾을 수 있다. 성공적인 주식 투자가 되지 못하는 이유는 매우 다양하지만, 주된 이유로 투자의 개념을 제대로 이해하지 못한 것을 꼽고 싶다.

약간의 손실에도 이성적인 판단을 잃고 원금에 연연하는 것은 주식 투자를 투기의 개념으로 이해하기 때문이다. 우리나라의 경우, 자산을 관리하고 운용하는 부분에 있어 투자 본래의 의미를 잘 찾지 못한다. 그저 자산을 몇 배 불려 주머니를 두둑이 채우려는 심보가 크다. 부동산에 투자할 때와 주식에 투자할 때의 마음가짐이 다르다.

투자와 투기는 모두 이익을 추구한다는 점에서는 같지만, 생산 활동을 통해 이익을 추구할 때는 '투자'라 하고, 오로지 이익에만 사로잡혀 있을 때는 '투기'라 한다. 주가의 오르내림에 따리 시세 차익을 내는 주식 투자를 하고 있다면 투기성이 강한 것이다.

　주식 투자에서 실패하는 많은 이유는 오로지 돈의 차익, 이익만 보고 근시안적으로 움직이는 투기성 때문이다. 생산 활동을 통한 이익 추구, 주식 투자에 있어 생산 활동이라면 기업의 가치를 보는 일이다. 주식은 기업의 주식을 취득함으로써 주주, 즉 기업의 주인이 되는 것이다. 기업의 일원으로서 기업이 가지고 있는 가치를 가늠해 보아야 하는데, 투기성을 가지고 기업의 주주가 되면 재정에만 관심이 있다.

　외국 애널리스트의 경우 주식 투자에 대한 개인 투자자들의 마인드가 투자로서의 개념이 잡혀 있기 때문에 비교적 안정적인 투자가 진행되고 주식 시장도 꾸준히 성장한다. 물론 세계적으로 저성장 기조가 이어지고 있어 주식 시장의 파이가 갑자기 커지는 일은 없지만 말이다.

　하지만 우리나라의 경우 투기성 투자가 아직도 많이 남아 있다. 테마주 쏠림 현상을 보면 알 수 있다. 테마주가 나쁘다는 게 결코 아니다. 테마주는 주식 시장에 새로운 사건이나 현상이 발생해 증권 시장에 큰 영향을 주는 일이 생겼을 때 이런 현상에 따라 움직이는 종목군을 말한다.

　예를 들어보자. 세계에서 유일한 분단국가인 우리나라만이 안고 있는 이슈는 남북 관련 이슈다. 이 속에는 세계정세와 남북 정부의 관계 등 복잡한 관계가 얽혀 있다. 갑자기 냉전 상태가 되기도 하고,

갑자기 화해 무드가 형성되기도 한다. 2007년, 10 · 4 남북 정상선언 이후 개성공단이 건설되는 등 남북 경협이 활성화되었다. 갑작스러운 남북 정상선언으로 인해 남북 경협 관련주가 급등했다. 이 소식에 투자자들이 테마주로 몰렸다. 실제로 누군가는 높은 수익률을 보았다.

그러다가 남북 관계가 갑자기 냉전 상태가 되면 관련 테마주는 끝도 없이 추락한다. 남북 경협이라는 가치를 생각하지 않고 오로지 이슈만 따르는 것은 상당히 위험하다. 이슈는 예고 없이 바뀌고 사라진다. 몇 배를 벌어볼 요량으로 눈앞의 이익만 좇다가는 정작 중요한 것을 보지 못한다.

주식 투자가 진정한 투자가 되려면 자신이 시작한 주식 투자가 갖고 있는 순기능과 역기능을 기억해야 한다. 순기능은 유동성 문제를 해결해주는 것이다. 기업은 현금 흐름이 좋아야 한다. 돈이 들어오고 돈이 돌기 시작하면 생산 활동이 활발해지고 소비가 이루어진다. 이에 기업은 채용과 공급을 늘리며 산업을 살린다. 당연히 경제도 살아난다. 이것이 주식 투자의 순기능이다.

주식 투자에 실패하는 또 하나의 이유는 흐름을 읽지 못하기 때문이다. 투기성이 짙을 때 실패한다. 주식 투자는 개별주 하나하나의 플러스마이너스 숫자만 보는 계산기 싸움이 아니다. 주식이 어떻게 흘러갈 것인지, 기업이 경제 상황에 맞물려 어떻게 흘러왔고 어떻게 흘러갈 것인지 살펴보아야 한다.

과거에 비해 지금의 주식 투자는 간편하고 쉽다. 게다가 정보의 홍수 속에 살고 있기 때문에 주식 투자에 대한 정보 역시 넘쳐난다. 그 속에서 옥석을 가려내는 일이 관건이다. 그런데 의외로 흐름을 읽는 것에 대한 인식이 부족하다.

단언컨대 오르기만 하는 주식은 없다. 올랐으면 내려가고, 조정에 들어가고, 다시 오르기를 반복한다. 전체적인 주식 시장의 흐름을 읽는다는 것은 그간 주식 시장이 어떤 패턴으로 움직였는지, 어떤 섹터에서 발전 가능성이 있는지를 살펴보는 것이다.

그뿐만이 아니라 개별주의 흐름도 중요하다. 자신이 투자한 종목의 가격만 들여다보아서는 안 된다. 그 종목이 어떤 패턴을 거쳐 지금에 이르렀는지 살펴보고, 과거의 데이터와 최근 데이터를 비교해보며 오른 이유, 내린 이유를 찾아야 한다. 또한 전체 주가지수의 변화에 비례하는지 그렇지 않은지 살펴보아야 한다.

흐름을 보지 못하고 그저 투자 자체에만 빠져들면 잠깐의 이익에 환호할 수는 있다. 하지만 장기적으로 볼 때 흐름을 타지 못하는 투자는 탈선한 기차와 같다. 그러므로 흐름을 읽을 자신이 없거나 시간적 여유가 부족하다면 전문가 찬스를 이용할 것을 권한다.

투자컨설팅 회사는 많다. 하루에도 몇 개씩 생기고 사라진다. 사라지는 이유는 단 하나, 수익을 내지 못하기 때문이다. 컨설팅은 전문적인 자문을 해주고 수익을 나누는 구조이기 때문에 전문가의 역량이 상당히 중요하다.

전문가는 흐름을 읽고 짚어내는 역할을 한다. 전문가라고 해서 백발백중은 아니다. 수많은 정보에서 옥석을 가려내야 하기 때문에 결코 쉽지만은 않다. 하지만 그들은 끝없는 연구를 통해 자신만의 투자 노하우를 가지고 있다. 당신의 투자 성향을 이해하면서 리드해 줄 능력 있는 전문가를 선택해 흐름을 읽는 경험을 쌓는 것도 투자 성공률을 높이는 하나의 방법이다.

흐름, 아는 만큼 보인다

흐름을 읽어야 한다. 하지만 어떤 흐름을 읽고, 어떻게 읽어야 하는지 막연할 것이다.

우선, 지나온 시간의 흐름을 읽는 것이 필요하다. 그것을 통해 현재를 예측할 수 있기 때문이다. 그렇다고 해서 적중률 100%는 절대아니다. 현재는 과거가 모여 만들어진 순간이기 때문에 과거를 통해현재를 바라보면 흐름을 읽는 데 도움을 줄 것이다. 너무 오래전 과거까지 살필 필요는 없다. 시간이 많고 열정이 넘쳐 과거의 주식 세계를 공부하고 싶다면 말리지는 않겠다. 다만, 지금의 경제 상황이워낙 빠르게 급변하기 때문에 오래전 데이터는 큰 힘을 발휘하지 못한다. 최근 3년 데이터, 그것도 어떤 변화를 거쳤는지 정도만 살펴보면 대충 감을 잡을 수 있다.

함께 일하는 매니저의 이야기다. 물론 매니저 일을 시작하기 전의 일이다. 젊은 나이에 주식 투자에 뛰어든 그는 젊은 패기와 대박을 꿈꾼 투기성이 합해져 하이 리스트 투자 상품에 손을 뻗었다. 그를 도와줄 사수도 없었다. 알다시피 하이 리스크 투자 상품은 고객들을 수치로 유혹한다. 남들이 5% 수익을 낼 때 두 배, 세 배 이익을 내다보니 대박을 꿈꾸는 이들에게는 꿈같은 기회였을 것이다. 이 상품이 어느 쪽이었는지는 밝히지 않겠다. 나쁜 상품은 없다. 나쁜 투자가 있을 뿐이다.

결론적으로 매니저는 공격성 높은 상품에 자신이 가진 돈을 전부 털어 넣고 쫄딱 망했다. 일생일대 사건을 겪고 충격에 빠졌던 그는 이내 실패를 심기일전의 기회로 삼기로 결심했다. 그는 최근 3년간 국내 주식 흐름을 공부했다. 우리나라 주가지수가 어떤 변화 속에서 흘러가고 있는지, 지수 변화에 따른 경제적 이슈는 어떤 것들이 있었는지, 경제 상황에 따라 떠오르는 산업군은 무엇이고 그와 관련된 기업은 어디인지 등 다양한 수치와 분석 자료들을 읽고 생각했다.

자료를 꼼꼼히 분석하다 보니 조금씩 앞이 환해지기 시작했다. 전혀 모르고 있던 주식 투자의 세계가 하나씩, 하나씩 열렸다고나 할까? 자신이 달려들었던 투자 종목이 안고 있는 한계와 위험성이 보였고, 그 속에서 자신이 간과했던 것들을 발견했다.

흐름을 읽게 되자 주식 투자가 재미있어졌다. 무작정 돈을 벌기 위한 투자에서 가치와 흥미를 느끼게 된 매니저는 과거 3년간 데이터를 기반으로 현재의 상황을 접목시키고, 나아가 예측할 수 있는 시야가 생겼다. 한 가지 덧붙이자면, 이 분야에서 성공률을 높이기 위한 자신만의 노력을 기울여 코스피, 코스닥에 있는 주식 종목을 달달 외울 정도로 전체적인 그림을 그릴 수 있게 되었다. 결론적으로 그는 현재 우리 회사 매니저 중에서 가장 크게 성공했고, 그 성공 노하우를 고객들에게 전파하고 있다.

매니저의 사례처럼 최근 3년간의 흐름만 제대로 파악해도 주식 투자에 큰 도움이 된다. 주식은 예측 가능한 패턴과 파동을 그리며 발전해나간다. 물론 업종마다 사이클이 다르고, 굵직굵직한 변수가 생길 때마다 변화가 생긴다. 그럼에도 신기하게 오르락내리락 파동을 그리는 형태는 비슷하다. 흐름을 읽을 줄 알면 이러한 파동과 패턴을 예측하여 대비할 수 있다. 이 책에서는 좀 더 과거로 돌아가 흐름을 짚어보고자 한다.

우리나라가 지수 2,000을 넘어선 것이 2007년이다. 지금 지수는 2,000을 넘어 중간중간 올라갔지만 결국 3,000을 넘지 못했다. 앞서 언급했듯 파이가 적고, 여러 복잡한 국내외 정세가 반영되고, 저평가가 되었기 때문이다. 머지않아 파이는 더욱 커질 것이고, 평가는 높아지리라 기대해본다.

지수 2,000을 돌파하면서 기업의 발전과 공격적인 투자로 주식 시장이 산업별로 움직일 때가 있었다. 그 역시 2008년 리먼 브라더스 파산과 2010년 천안함 침몰 사건, 연평도 폭격 사건으로 주가가 엄청나게 빠지며 휘청했다. 하지만 이내 국내 경제의 회복과 함께 주식 시장도 성장했다.

2010년대에는 우리나라 조선업이 '세계 최고의 조선 기술'이라는 타이틀을 얻으면서 엄청나게 상승했다. 조선과 철강업이 국가 정책과 맞물리면서 조선철강 산업 섹터의 주가가 동반 상승하며 산업이 발전했다.

그러나 조선 철강업 산업 섹터에서 다른 산업으로 이동하게 되었다. 소위 '차.화.정'이라 하여 자동차, 화학, 정유 관련 산업군의 주가가 뛰기 시작했다. 소위 '차화정 랠리'라 불리며 주가 상승을 견인해나간 뒤 국내 산업 섹터는 '新차화정'이라 하여 차이나, 화장품, 정보통신 주가 깜짝 등장하기도 했다. 이후 산업 섹터는 반도체로 옮겨갔다.

반도체 강국인 우리나라의 기술력이 폭발하면서 2016~2017년, 반도체 빅사이클이 되었다. 장기 상승 추세라 불린 반도체 빅사이클은 대체할 만한 게 없을 정도로 우리나라가 치고 나갔다. 삼성전자, SK하이닉스 등이 주가를 견인하며 관련 종목, 관련 산업이 동반 상승했다. PC와 핸드폰 등에 반드시 들어가야 하는 디램(DRAM) 가격이 상승하고, 한국의 반도체 수출액이 2017년 9월부터 11월까지 3개월 연속 역대 최고 수준인 90억 달러를 넘어섰다. 당연히 주식 시장에도 청신호가 켜졌다.

하지만 앞서 말했듯 상승 추세가 있으면 하락 추세도 있는 법이다. 반도체 업종의 주가도 여러 가지 상황과 맞물리며 하락했다. 최근 제4차 산업혁명 시대 관련 산업이 각광받으며 상승 기류를 타고 있다.

지금까지 주식 시장의 전반적인 흐름과 산업 섹터가 어떻게 변화되었는지를 살펴보았다.

하루가 다르게 바뀌는 시장이지만 해마다 떠오르는 산업군 또는 개별주들이 있다. 경제 상황이 좋아지면 산업군이 성장세를 보인다. 앞서 살펴본 것처럼 2007년부터 2016년까지 산업군별로 주식 시장이 주도되어 왔다는 것을 알 수 있다. 정책적으로 어느 산업군이 확 성장하는 모양새를 보이면 증권가도 그에 따라 움직인다. 경제 상황이 좋지 않을 때는 개별주로 움직이는 경향이 있다. 산업별로 주도되어 온 현상이 무너진 게 3~4년 전이다. 보통 어떤 산업군으로 주도주가 떠올려지던 것이 2016년에 들어서면서 개별 종목으로 옮겨가는 추세다.

한마디로 반도체 업계의 삼성전자는 계속 상승하는데, 다른 기업의 주가는 여전히 답보 상태가 되었다. 그러니 갑자기 동남아에 진출한 화장품 기업의 투자 소식과 함께 반등하며 주가를 견인하기도 한다. 이 말은 전체적인 산업의 그림을 보는 일이 용이하지 않다는 것을 의미한다. 그때그때 사안에 따라, 정책에 따라 뜨는 종목이 발생하는 추세다. 안타깝게도 전 세계적인 저성장 기조를 유지하면서 국내 주식 시장은 개별주로 움직이는 성향이 강해졌다. 앞으로도 이러한 기조가 유지될 것이다.

조금 더 구체적으로 살펴보자. 우선 2016년의 경우를 살펴보면, 그 당시에는 정책주가 각광을 받았다. 2016년의 가장 큰 이슈는 상한가 폐지였다. 하루의 상승·하락 폭을 정해놓지 않는 것에 다양한 반응이 나타났다. 상한가 폐지의 장점은 주식 변동성을 높인다는 것이다. 어쨌든 그해에 상한가가 폐지됨에 따라 투자자들이 정책주로 몰려들었다.

제도나 정책의 변화라는 변수가 생기면 정책 관련주가 이슈가 된다. 예를 들어 어느 도지사가 무상 교복 정책을 내세우면서 패션 종합 기업이 부상했다. 그 기업은 중국과도 연관이 있었고, 도지사와 관련된 기업이라는 네이밍에 주목을 받기 시작했다. 이와 같이 정책주는 국가나 기관의 정책 사안에 관련된 기업의 주식군이다. 2016년에는 우리 정부가 뒤늦게 뛰어든 제4차 산업혁명 산업 정책과 관련한 주식, 노인 질환과 복지 정책 강화에 따른 치매 관련주 등의 정책주가 강세를 보였다.

2017년에는 바이오주가 급성장했다. 정책적으로도 바이오 관련 산업 소식이 들리면서 견인 역할을 했지만 몇몇 기업의 신약 개발에 대한 기대감 등으로 폭발적인 상승을 이어갔다. 2017년 중반부터 상승하기 시작한 바이오주는 2018년 초반까지 상승률을 이어갔다. 실제 주가상승률이 400% 이상은 기본이었다. 크게는 1,000%까지 상승한 종목도 있다.

하지만 큰 상승 속에 조정이 있듯이 정신없이 오르는 지수 속에서 이성을 찾기 시작한 투자자들은 거품을 발견하기 시작했다. 신라젠 등의 기업이 임상 실패 소식을 전하면서 주가가 폭락하기 시작했고, 결국 바이오주에 대한 관심은 한순간에 사라졌다.

2018년 중순이 되자 투자자들은 그해의 큰 이슈인 남북정상회담과 관련한 테마주로 관심을 돌렸다. 그러나 그도 잠깐, 북미회담이 잘 성사되지 않아 대북 관련주들이 하락했다. 그리고 2019년에는 5G 관련주가 주목을 받았다.

이처럼 최근 3~4년간 주식 시장의 흐름은 산업 섹터별로 동반 상승하는 형태가 아닌, 개별주 또는 테마주로 움직임이 강했다. 이러한 추세는 앞으로도 계속 이어질 것이지만 변수가 얼마든지 있는 만큼 주시하며 살펴보아야 한다.

이러한 주식 시장의 흐름, 랠리의 변화를 살펴볼 때 그해 주도주를 살펴보는 것도 도움이 된다. 주도주는 주가를 이끌어가는 인기 종목을 말한다. 강세장에서는 주로 시가 총액 상위의 대형주, 약세장에서는 개별 종목을 보유한 종목이나 방어적인 성격의 종목이 주도주가 될 확률이 크다. 당연히 그 시기의 이슈와 흐름에 부합하는 성격을 지니고 있기 때문에 주식 시장의 흐름을 살펴보는 데 큰 도움이 된다.

2000년 이후 주도주 랠리 사례: 시장의 고점과 저점은 주도주의 그것과 일치해왔다.

차이나플레이
(2006.6=100)

■ 차이나플레이
■ KDSPI(우)

차화정 랠리
(2008.10=100)

■ 차화정 랠리
■ KDSPI(우)

내수주 랠리
(2014.6=100)

■ 내수주 랠리
■ KDSPI(우)

출처: WiseFn, 메리츠종금증권 리서치센터

흐름, 보는 만큼 예측한다

두 번의 실패 이후 다시 주식 투자를 시작할 때였다. 혼자의 힘으로 주식 투자 성공률을 높일 수 없다고 생각한 나는 지인으로부터 자산운용사를 소개받아 알바생으로 일하며 주식 투자에 대해 배웠다. 밑바닥에서 고객 응대부터 사수의 보조 업무를 담당하며 강도 높게 일을 배운 덕분에 나만의 관점을 갖게 되었다. 데이터를 읽는 법을 익힐 수 있었다는 점에서 소중한 경험이었다.

예전에는 수없이 바뀌는 차트를 보고 있으면 막막하기만 했는데, 어느 순간부터 실시간으로 업그레이드되는 차트의 변화를 보고 그 속에 어떤 의미가 담겨 있는지 생각하는 일이 심리 게임을 하는 것처럼 흥미로웠다. 주식 투자와 차트, 이 둘의 관계는 떼놓을 수 없다. 하지만 그렇다고 해서 너무 연연해서도 안 된다. 다시 말해, 기본적으로 알고 있어야 할 것만 숙지하고, 나머지는 참고 자료로 활용해야 한다. 주식 투자를 할 때 알고 있어야 하는 두 가지 흐름 중 나머지 하나는 자료를 읽는 것이다.

주식에 관한 자료는 기업에 관한 자료와 주식 거래 차트를 꼽을 수 있다. 이것들을 통해 종목에 대한 흐름을 파악하면 된다. 나는 기업에 관한 자료를 분석하는 것을 기본적 분석, 거래 관련 자료를 분석하는 것을 기술적 분석이라 정의한다.

오늘날은 정보 홍수 시대라 자료가 넘쳐난다. 주식 투자를 하는 사람들은 대부분 기본적 분석이나 기술적 분석을 선택하지만 두 가지 모두 꼼꼼하게 살펴보는 사람도 많다. 반면 아직까지 문외한인 경우도 있다. 처음에 이야기한 묻지마 투자의 경우가 이에 해당된다.

두 가지 분석 중 어떤 것이 정확도가 높다고 말하기는 힘들다. 제대로 투자하고 싶다면 개략적으로나마 두 가지 분석을 통해 흐름을 파악하는 것이 유리하다. 숫자와 도표가 난무하는 기업 관련 자료들을 디테일하게 살펴보라는 말이 아니다. 자칫 자료를 통해 흐름을 익히려다 숫자의 늪, 차트의 늪에 빠지는 경우가 많기 때문이다.

중요한 것은 선택과 집중이다. 포인트가 되는 자료를 보아야 한다. 기본적 분석을 할 때 재무제표를 보면 기업의 분위기를 어느 정도 파악할 수 있다. 아직 조정 국면으로 접어들 것 같지 않은 시점에 A라는 기업의 주식 투자를 생각하고 있다면, 분기마다 발표하는 기업 보고서를 참고하여 기업의 펀더멘탈, 즉 기초 체력을 살펴보면 된다. 재무제표가 가장 대표적인 자료가 될 수 있다.

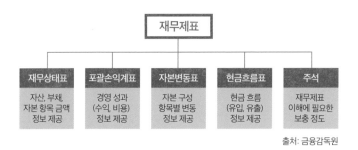

출처: 금융감독원

재무제표는 위와 같이 다섯 가지 정도의 지표를 살펴볼 수 있다. 전체적으로 기업이 보유하고 있는 자산과 부채에 대한 정보를 통해 기반을 살펴보는 재무상태표, 손익 관계를 살펴보는 포괄손익계산 표, 현금의 흐름 상태를 확인하는 현금흐름표 등을 봄으로써 기업이 적자인지 흑자인지, 미래에 대한 투자에 포커스를 맞추고 있는지 등을 파악해 현재와 미래를 가늠해볼 수 있다. 주식의 내재적인 가치를 분석해 주가의 미래를 예측하는 것이다.

그러나 이 자료만으로 기업의 전체적인 흐름을 살펴보는 데는 무리가 있다. 전체 주식 시장 안에서 이 기업이 어떤 평가를 받고 있는지, 어떤 가치를 인정받고 있는지 알아야 한다. 이를 위해 차트 분석이 필요하다.

기술적 분석이라 말하는 차트 보기에서는 알아야 할 것만 정확히 알고 있으면 된다. 주식이 얼마나 팔리고, 거래량이 얼마나 되며, 전체 주가에서 어떤 방향으로 가고 있는지 기본적인 것만 알고 차트를 보면 된다.

현재 여러 매체를 통해 수많은 주식 투자 기법이 소개되고 있다. 수백 개의 보조 지표가 생성되고 사라진다. '이런 기법으로 매매를 했더니 얼마를 벌었네' 등의 보조 지표를 세밀하게 분석해 어떻게든 투자 성공률을 높이려는 노력에는 박수를 쳐주지만, 개인 투자자에게 보조 지표는 그야말로 보조일 뿐이다. 그저 참고만 하면 된다. 차트를 정확히 보고 흐름만 알면 된다.

차트는 주가와 거래량 등을 시간 단위에 맞춰 표기한 그래프다. 이 주식에 관심을 가지고 있는 사람이 얼마나 많은지, 어느 정도를 적정 가격으로 보고 있는지에 대한 사람들의 생각이 담겨 있는 표라고 생각하면 된다.

차트 모양이 워낙 변화무쌍하고 여러 곡선과 막대그래프 등이 즐비하게 있다 보니 어렵다고 생각해 지레 겁을 먹는 사람이 많다. 하지만 기초적인 것만 숙지하고 흐름만 보면 어렵지 않다.

차트는 대부분 봉차트로 표시된다. 봉차트에는 봉과 이동평균선, 거래량이 있다. 하나의 봉에는 특정 기간 내 주식의 시작 가격과 마지막 가격, 최대 가격과 최저 가격이 나타난다. 이동평균선은 특정 기간 동안의 주가를 산술적으로 평균낸 값을 연결해 만든 선이다. 거래량은 해당 기간 동안 거래가 얼마나 이루어졌는지 나타내는 지표다.

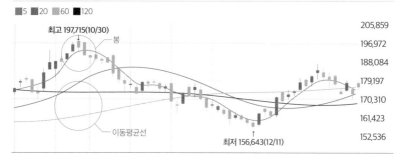

176,000	전일 173,000	고가 179,500(상한가 224,500)	거래량 393,030
전일대비 ▲3,000	+1.73%	시가 178,000	저가 175,000(하한가 121,500)	거래대금 69,537 백만

선차트 1일 | 1주일 | 3개월 | 1년 | 3년 | 5년 | 10년   봉차트 **일봉** | 주봉 | 월봉

■5 ■20 ■60 ■120

최고 197,715(10/30)   봉

이동평균선

최저 156,643(12/11)

거래량

205,859
196,972
188,084
179,197
170,310
161,423
152,536

이처럼 봉 하나하나가 해당 기간의 주가 변화를 담고 있고, 그 기간 내에 주식 거래가 얼마나 이루어졌는지가 막대그래프로 나타나 있다. 위의 차트는 '주봉'으로, 일주일 단위로 차트를 표기한 것이다. 날짜의 단위에 따라 봉의 명칭도 변하는데, 한 달 단위로 차트를 만들면 '월봉', 분 단위로 촘촘하게 만들면 '분봉'이라고 한다. 봉의 색깔은 빨간색과 파란색이 있다. 빨간색은 그날 주가가 올랐다는 표시이고, 파란색은 떨어졌다는 표시다. 또한 봉의 크기가 클수록 많이 오르거나 내렸다는 뜻이다.

이동평균선은 주가의 흐름이다. 이동평균선은 평균의 선을 나타내는 것이기 때문에 이동평균선과 주가가 떨어져 있을수록 평균을 벗어났다는 것을 의미한다. 이동평균선의 흐름과 봉을 통해 어떤 흐름을 알 수 있을까?

왼쪽의 차트를 보면 이동평균선은 몇 가지 색으로 나타난다. 단기 지표라 할 수 있는 5일선(──), 중기 지표인 20일선(──), 60일선(──), 장기 지표인 120일선(──) 등으로 나타난다. 이 선들이 꾸준히 상승 곡선을 그리면 상승 추세다. 그렇기 때문에 어느 시기에 평균선과 주가가 멀어져 평균에서 벗어났을 때는 조정 가능성이 있다고 생각할 수 있다.

한 가지 덧붙이자면, 이동평균선이 중장기 이동평균선을 상향 돌파할 때를 '골든크로스'라 부르며, 상승 전환 예고 신호로 본다. 반대의 경우는 '데드크로스'라 부른다. 하락을 예측할 수 있기 때문에 차트를 통해 힌트를 얻을 수 있다.

차트에서 유의해서 볼 것은 거래량이다. 해당 기간에 얼마나 거래가 됐는지 그 양을 나타내는 간단한 개념이다. 거래량이 지닌 의미와 해석은 좀 더 신중해야 한다. 솔직히 말해 차트는 100% 신뢰하기 힘들다. 그만큼 허점이 많고, 만들어진 차트일 가능성도 있다.

투자 세계는 공평하지 않다. 자본 규모에 따라 시장이 움직인다. 하지만 그렇다고 해서 불공평한 것만은 아니다. 철저히 자본에 의해 움직이기 때문이다. 그러므로 개인 투자자의 경우, 자신만의 철학과 소신을 갖고 객관적으로 투자 세계에 뛰어들길 희망한다. 차트는 커다란 자본이 들고나는 것에 따라 만들어질 가능성이 있다. 소위 작전 세력이 붙는 것이다. 자본에 의해 차트를 보기 좋게 만들어 투자자들을 현혹하는 경우가 있으니 차트를 잘 살펴보고 해석해야 한다. 다행히 거래량은 만들어질 수 없다. 따라서 거래량을 통해 차트를 바라보는 눈을 키우는 것이 좋다.

보통 거래량이 터질 때 큰 봉이 나온다. 이때 매수나 매도가 이루어진다. 당연하다. 사려는 사람(팔려는 사람)이 많을 때 자연스럽게 더 높게 사려는 사람이 있기 때문에 주가는 오른다(내린다). 하지만 이런 경우가 전부는 아니다. 변수를 살펴야 한다.

A라는 주식을 가지고 있는데 주가가 올랐다. 당연히 팔고 싶을 것이다. 그런데 주가는 올랐는데 그에 따른 거래량이 없다면 어떻게 해야 할까? 일단 의심해봐야 한다.

'왜 주식을 팔지 않을까?'

이런 경우, 어떤 세력이 개입해 주가를 올렸을 가능성이 있다. 유통 주식 수가 많지 않은 기업의 경우, 세력이 개입해 주가를 끌어올리기도 한다. 따라서 거래량이 없는데도 주가가 올랐을 때는 기다렸다가 거래량이 움직일 때 매도를 결정해도 된다.

반대의 경우도 있다. A라는 주식의 주가가 뚝 떨어졌는데, 거래량에 변화가 없을 때가 있다. 가격이 떨어졌다는 불안감에 조금이라도 덜 손해 보기 위해 매도하려 들 것이다. 하지만 이때도 잘 생각해야 한다. 이 역시 세력이 개입해 주가를 떨어뜨렸을 수도 있다. 불안해진 투자자들이 막 던질 때 세력이 받아주는 것이다. 이를 '개미 털기'라고 부른다.

주가가 올라 거래량이 터졌을 때는 누군가가 위에서 부딪혔단 말이고, 거래량이 터지면서 주가가 떨어졌을 때는 누군가가 의도적으로 던졌다는 말이다. 이처럼 거래량은 주식 시장의 흐름을 읽는 데 핵심적인 요소로, 상당히 중요하다.

버프 도르마이어는 2018년에 출간한 자신의 저서 《거래량으로 투자하라》에서 거래량의 중요성에 대해 언급했다. 그중 공감되는 몇 가지만 소개한다.

‡ 거래량은 유동성을 풀어준다.
‡ 정보의 허와 실을 알려준다.
‡ 확신의 진면모를 드러낸다.
‡ 시장의 연료다.
‡ 진실을 드러낸다.
‡ 가속력이다.

주식 시장의 흐름을 읽기 위해서는 재무제표를 통한 기본적 분석과 차트를 통한 기술적 분석이 병행되어야 한다. 이 책에서 소개한 간단한 몇 가지만 알고 있어도 흐름을 파악하는 데 어려움이 없을 것이다. 넘쳐나는 정보와 기법으로 주식 투자에 피로함을 느끼기보다 반드시 알아두어야 할 몇 가지로 흐름을 파악해 실전으로 사는 것이 훨씬 유리하다.

아는 만큼 보인다. 하지만 지나치게 많이 알고 있으면 너무 많은 것이 보여 정작 중요한 것을 보지 못할 수도 있다. 알 것만 제대로 알면 된다. 나무보다 숲을 보아야 한다.

흐름을 읽는 태도

어차피 주식 투자도 사람이 하는 일이다. 개인이 투자할 수도 있고, 소위 세력이라 말하는 기관이나 외국인들이 투자할 수도 있다. 중요한 것은 결정자는 사람이라는 사실이다. 많은 사람이 개미 투자자가 불리하다고 말한다. 다윗과 골리앗 싸움이라고도 한다. 이쪽 분야에 있다 보니 틀린 말도 아니다. 그렇다고 해서 포기할 것인가? 틈새를 노리면 승부수를 띄울 수 있다. 시장의 흐름을 읽는 눈으로 끊임없이 묻고, 정확한 정보로 자산을 지키고, 여러 변수를 예측해 마크하는 전략으로 나아가면 된다.

그러려면 투자를 대하는 기본기가 갖추어져 있어야 한다. 각종 정보와 예측을 접하는 가운데 태도가 무너지면 공든 탑이 무너진다.

투자 컨설팅을 하다 보면 수많은 성공과 실패 케이스를 접하게 된다. 성공보다 실패가 훨씬 많지만 실패 경험이 더 소중하고 가치 있다고 생각한다. 실패가 곧 반면교사가 되어 성공의 자양분이 되기 때문이다. 주변에 투자에 성공한 사람들을 봐도 실패한 적이 있었다. 실패라는 토대 위에 성공의 집을 지었다. 하늘에서 뚝 떨어진, 천운이 따른 성공이 아니다. 그래서 조금이나마 성공률을 높이고 괜찮은 성공으로 가기 위해 태도에 대해 이야기하고자 한다. 콜린 알렉산더의 스테디셀러《주식 언제 사고 언제 팔 것인가?》(한국 미출간)를 보면 투자에 성공하기 위해 버려야 할 일곱 가지 죄를 다음과 같이 언급했다.

‡ 조급함(Impatience)

‡ 두려움(Fear)

‡ 욕심(Greed)

‡ 희망(Hope)

‡ 긍지(Pride)

‡ 부주의(Carelessness)

‡ 도박(Gamble)

모두 수긍할 만한 내용이다. 투자자가 너무 성급해서도 안 되고, 너무 부주의해서도 안 된다. 이 책에서는 주식 투자에서 성공률을 높이는 실전 태도 세 가지만 말하고자 한다.

‡ 개인 투자의 한계에서 벗어날 것
‡ 손절 라인을 분명히 지킬 것
‡ 기업과 함께 시장을 고려할 것

소위 개미 투자자는 두렵다. 파도처럼 밀려오는 자본의 무게에 괜히 쪼그라들고 쉽게 요동친다. 한 투자연구소에서 개인 투자자의 행태를 파악해본 결과, 여러 문제점이 있었다. 조급하게 단타 매매를 하고, 대박을 꿈꾸는 고수익을 추구하고, 한두 종목에 올인(소위 몰빵)하고, 심리적 오류에 흔들린다는 점이다.

2017년 세계은행에서 발표한 국가별 주식 시장 회전율 자료에 따르면, 국내 주식 시장 회전율은 112.4%로 세계에서 4번째로 높다. 이를 바탕으로 국가별 평균 주식 보유 기간을 살펴보니 우리나라 평균 주식 보유 기간은 10.7개월로, 투자 기간이 1년이 되지 않았다. 작은 등락에도 견디지 못하고 쉽게 주식을 사고파는 것이다. 이는 투기에 가까운 태도다.

개인 투자자가 안고 있는 한계에서 벗어나야 한다. 그러기 위해서는 개인 투자자이기에 안고 있는 희망과 가능성을 바라보아야 한다. 투자의 귀재 피터 린치처럼 생활 속에서 기업의 추세를 살펴보며 개인이 기관보다 유리한 지점을 찾아야 한다. 그는 쇼핑, 외식, 여

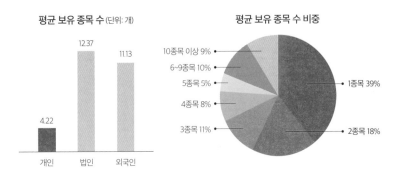

2018년 12월 결산 상장법인 주식 투자자 현황

평균 보유 종목 수 (단위: 개)

12.37

11.13

4.22

개인　법인　외국인

평균 보유 종목 수 비중

10종목 이상 9%
6~9종목 10%
5종목 5%
4종목 8%
3종목 11%

1종목 39%
2종목 18%

출처: NH투자증권 100세시대연구소

행 등 생활 속에서 투자 아이디어를 얻는 것으로 유명하다. 이는 개인이 발견할 수 있는 발전 가능한 시장을 찾고 기업을 고려해보는 투자의 세 번째 태도와 통하는 대목이다. 개인 투자자로서 얼마든지 도전해볼 수 있는 자세다.

　주식 시장이 개별 종목으로 가고 있지만 기업의 한 종목에 올인하는 것은 위험하다. 소비자들이 어떤 시장, 어떤 트렌드를 원하는지 일상생활 속에서 발견하는 것은 어렵지 않다. 피터 린치가 아내가 좋아하는 스타킹 브랜드에 투자해 수익을 올렸던 것처럼, 소비자들이 무엇을 원하고 있는지 관찰하면서 투자 포인트를 넓게 생각해보아야 한다. 그것이 바로 틈새 전략이다.

　또한 손절 라인을 정하는 것도 중요하다. 주식 투자 세계는 꽃길만이 펼쳐져 있지 않다. 시장 자체가 파동을 그리듯 올라가는 날이 있고 내려가는 날이 있다. 손해 보는 순간이 오기 마련이다. 브레이크가 없으면 위험하다. 반드시 손절 라인을 정해두어야 한다. 이를 지키지 못해 이성을 잃고 추락하는 경우를 많이 봤다. 추락하는 것은 날개가 없다.

참고로 우리 회사는 컨설팅을 할 때, 손절 라인을 5% 정도로 정한다. 5% 손해를 보고 팔아야 할 때는 마음이 흔들린다. '다시 오르지 않을까?', '피 같은 내 돈, 아까워서 어떡하지?' 이런 생각으로 주춤하다가 손절 라인을 넘기면 걷잡을 수 없이 오를 거라는 희망 고문이 시작된다.

주식 투자에 있어 왕도는 없다. 하지만 주식 투자에서 성공률을 높일 실전 태도 세 가지만 기억하고 시장에 뛰어든다면, 괜찮은 시작이 될 것이다. 물론 시행착오도 있겠지만 값을 치르지 않고 얻을 수 있는 것은 없다.

Tip.
주식 투자 기본 Q&A

Q. 주식 매매를 할 때 반드시 알아두어야 할 것은 무엇인가요?

A. 주식을 매매할 때 네 가지 우선 원칙이 있다. 첫 번째는 가격 우선 원칙이다. 가격이 유리한 주문이 먼저 체결된다. 동시에 같은 주문을 넣었을 경우, 높은 가격을 제시했을 때 그 주문이 우선적으로 체결된다. 두 번째는 시간 우선 원칙이다. 매매가 이루어질 때 시간 차이가 있기 마련인데, 당연히 먼저 주문한 것이 먼저 체결된다.

세 번째는 수량 우선 원칙이다. 같은 시각에 같은 가격으로 주문을 넣어도 주문 수량이 많은 것이 먼저 체결된다. 네 번째는 위탁 매매 우선 원칙이다. 주식 시장에는 개인과 기관, 외국인 등 다양한 투자자가 존재한다. 증권사를 통해 주문을 넣는 경우와 고객이 직접 주문하는 경우가 있다. 이때 동시 호가에서 주문이 겹쳤을 때는 증권사 주문보다 고객 주문이 먼저다.

Q. 기업의 자료를 분석할 때 알아두어야 할 것은 무엇인가요?

A. 기업의 분석 자료는 매우 다양하다. 그중에서도 PER과 ROE는 기본적인 기업 분석 자료로 활용할 수 있다.

PER(Price Earning Ratio)은 주가수익비율을 의미한다. 한 주의 시가를 주당 이익으로 나눈 수치다. 이 주식이 비싼가 혹은 주식 시장이 거품인가를 알 수 있는 기준점이 되기도 한다. PER은 현시점에서 주식이 저평가되었는지, 고평가되었는지 판가름할 수 있지만 정확하다고 볼 수는 없다. 보통 어떤 회사의 주가수익비율을 구할 때 회사의 현재를 직전년도 순이익으로 나눈다. 이것이 과거의 추세가 그대로 이어지는 흐름이라면 맞겠지만 그렇지 않을 경우에는 맞지 않을 수도 있다. 하지만 이 수치가 매매 시 하락 위험성을 판단할 수 있는 기준이 되기 때문에 기업을 분석하는 데 중요한 보조 지표로 활용된다.

ROE(Return On Equity)는 자기자본이익률을 의미한다. 어떤 기업에 투자한 자기자본이 얼마만큼의 이익을 냈는지 보여주는 지표다. 자기자본이익률은 기업이 1년간 자기자본을 이용해 얼마나 벌어들였는지 나타내는 수익성 지표이기 때문이다. 기업의 경영 효율성을 나타내주는 바로미터가 되기도 한다. 이를 산출하기 위해 '(당기순이익÷자기자본)×100'의 공식을 사용한다. ROE가 10%라고 한다면, 10억 원의 자본을 투자하여 연간 1억 원의 이익을 냈다는 것을 의미한다. 투자를 고려하는 기업의 경우, ROE가 회사채 수익률보다 높으면 경영 상태가 양호한 것으로 평가한다. 적어도 정기예금 금리는 넘어야 적절하다고 판단한다.

Q. 주식 투자를 할 때 어떤 기업을 주의해서 봐야 하나요?

A. 우회상장 기업이다. 기업이 일반 상장을 하려면 절차가 상당히 복잡하다. 반면 우회상장은 쉽게 주식 시장에 진입할 수 있다. 상장을 하면 양도소득세, 배당소득세, 비과세 및 분리과세, 상속 및 증여 재산 평가 시 코스닥 시장 시세 인정, 스톡옵션, 행사 이익 비과세 등의 세제상 혜택이 주어지고, 자금 조달 능력이 커지며, 홍보 효과와 상장사라는 공신력을 입증할 수 있다.

이러한 혜택 때문에 우회상장을 선택한다. 비상장 기업이 상장적부 심사나 공모주 청약 등의 정식 절차를 거치지 않고 우회적인 방법으로 증권거래소나 코스닥 시장 등 증권 시장에 진입한다. 이를 우회상장이라고 한다. 우회상장은 상장 요건을 충족시키기에는 부족하지만 성장성이 높고 재무적으로 우량한 비상장 기업에게 자본 조달의 기회를 주자는 취지로 도입되었다.

우회상장을 하는 대표적인 방법으로는 이미 상장된 기업과 합병해 경영권을 인수받아 상장하는 방법, 비상장 기업이 대주주 지분율이 낮고 경영난에 빠진 상장 기업을 인수 혹은 합병하는 방법이 있다. 따라서 재무 구조가 튼튼하지 않을 확률이 크다. 그렇기 때문에 우회상장 주식 투자는 신중하게 고려해야 한다. 가능하다면 접근하지 않는 것도 방법이다.

Part 2.
성공을 위해
주목해야 할 흐름

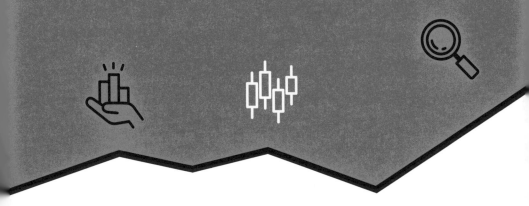

경제, 여전히 어렵다

2020년이 시작된 이 시점에서 전 세계 경제를 볼 때 움직임이 점점 둔해지고 있는 것이 기정사실이다. 미국의 트럼프발 관세 전쟁과 미국과 중국의 무역 갈등을 시작으로 한일 관계 악화 등 경제 상황이 매우 어둡다. 이에 발맞춰 세계 제조업에도 위기 신호등이 켜졌다. 어떻게든 미국 경제를 살리기 위해 금리 인하, 일본의 양적 완화 등 애를 쓰고 있지만, 상황은 좋지 않다. 경제 대국 사이에 낀 우리나라의 경제 사정은 참으로 딱하다. 지정학적으로 불리한 위치라는 이유도 있지만, 국내 여러 상황도 경제 상황을 어렵게 하고 있다.

게다가 10년 사이클에 걸려 있다. 세계 경제 애널리스트들에 의하면 경제 시장은 10년 주기로 파동을 그린다. 2020년은 하락하는 지점

이다.

　위의 표에서도 파악할 수 있듯 거의 10년 주기로 경제가 침체기를 맞고 있다. 이 패턴을 맹신하는 것도 바람직하진 않지만 신기하긴 하다. 주식 시장이 파동을 그리듯 경제도 그렇다. 오르고 내리는 과정을 통해 조정이 된다고 해석해야 할 것이다.

　어쨌든 2008년 리먼 브라더스 사태를 통해 세계 경제가 송두리째 흔들렸다는 사실은 누구나 잘 알고 있다. 2018년부터 하락세를 보이기 시작한 경제는 2019년에 계속 둔화세로 돌아섰고, 2020년에도 여전히 둔화세가 이어질 전망이다. 당연히 국내 코스피지수의 10년 주기설도 함께하고 있다.

　실제 코스피지수의 변화를 살펴보면 경기 6순환 주기의 침체기였던 1998년 IMF 때는 코스피가 1,145에서 277까지 무려 -75% 폭락했다. 10년 후인 9순환 주기 2008년에는 2,085에서 892까지 -50% 이상 하락했고, 다시 10년 후인 11순환 주기 끝무렵인 2019년에는 2,600에서 2,000까지 하락했다. -23% 하락한 것이다.

실제로 2020년 한국 경제 성장률 전망은 그리 밝지 않다. 정부에서 발표한 성장률은 2% 후반대다. 하지만 IMF는 더 낮게 발표했다.

늘 위기는 있었다. 시장은 변화무쌍하다. 게다가 제로섬 게임이 아니다. 버는 사람은 벌고 손해 보는 사람은 손해 본다. 아무리 경제가 어려워도 높은 수익률을 거두는 사람들은 늘 있어 왔다. 흐름을

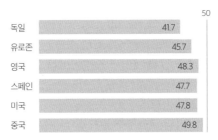

2019년 9월 주요국 제조업 구매 관리 지수

독일	41.7
유로존	45.7
영국	48.3
스페인	47.7
미국	47.8
중국	49.8

*PMI는 50보다 높으면 제조업 경기 확장을, 그보다 낮으면 제조업의 경기 위축 구면을 의미한다.

출처: 미국공급관리협회, HS마켓

2019년 한국의 경제성장률 전망치(단위: %)

	종전	최근
한국은행	2.5	2.2
한국경제연구원	2.2	1.9
아시아개발은행	2.4	2.1
경제협력개발기구(OECD)	2.4	2.1
스탠더드앤드푸어스(S&P)	2.0	1.8

출처: 각 기관

파악하고, 종목을 잘 선택하고, 잘 치고 빠지면 된다. 참고로 2019년에 지수가 한참 빠졌을 때도 우리 회사 고객들은 높은 수익률을 유지했다.

우리는 늘 경제 상황을 주시해야 한다. NH투자증권 100세시대연구소에 의하면 자녀 한 명을 양육하는 데 대학 졸업 때까지 3억 9천만 원 정도가 들어간다고 한다. 300만 원의 급여를 받는다고 가정했을 때, 아무것도 하지 않고 130년간 저금만 해서 모을 수 있는 액수다. 그러니 어떻게든 투자를 해야 하는 상황이다. 다행히 주식 투자는 확률을 높일 수 있다. 게다가 어느 나라든 경제가 무너지는 상황을 가장 두려워하기 때문에 주식 시장을 살리려 노력한다.

국내 증시의 흐름은?

경제 상황이 하루가 다르게 바뀌다 보니 증시에 대한 전망도 오락가락한다. 2019년 하반기에 접어들 때만 하더라도 성장을 기대하기 어렵다는 의견이 많았다. 불확실함의 확실성을 기반한, 험난한 장세가 예상된다는 전망이 주를 이루었다. 그런데 2019년을 마무리할 즈음, 상황이 바뀌었다. 점차 낙관적인 전망이 나오기 시작했다. 성장에 대한 기대감이 솔솔 피어나기 시작했다. 한치 앞을 내다보기 힘든 상황에서도, 어떠한 시장 흐름 속에서도 틈새가 있기 마련이다. 그 틈새를 파악하기 위해 다양한 증시 전망 리포터를 살펴볼 필요가 있다.

KB증권과 LG경제연구소는 다소 보수적인 전망을 내놓았다. LG

경제연구소의 경우, 미중 무역 갈등 확산으로 인해 세계 교역이 급격히 위축되면서 제조업 중심의 세계 경기가 빠르게 하향세를 보이고 있다고 했다. 그로 인해 세계 경제 부진의 장기화를 우려하며 수요 위축 현상이 투자와 수출에서 소비로 확산되면서 경기가 계속 하향세가 될 것이라고 전망했다. 이는 국내 경제에도 영향을 미칠 것이며, 수출의존도가 높고 다른 제조 국가들에 중간재와 자본재를 공급하는 역할을 해온 우리 경제의 성장 활력을 떨어뜨릴 것으로 보고 있다. 저성장 기조와 함께 0%의 낮은 물가상승률이 지속되며 성장세가 낮아지는 구조로 해석한 것이다.

여기에 금융 시장의 불안도 더해져 마이너스 금리가 심화되면서 글로벌 안전 자산 선호 현상으로 돌아설 것이다. 그에 따라 주요국 중앙은행이 정책 금리 인하에 나서며 국내외적 국채 금리의 하향 기조가 이어질 것으로 보고 있다. 다만, 국내외 회사채 금리는 2020년 중에 상승세로 돌아설 것으로 보는데, 이 점은 유의해서 살펴볼 필요가 있다.

하지만 이러한 상황을 긍정적인 신호탄으로 보는 전망도 속속 나오고 있다. 상당수 증권사가 2020년 말, 미국 대선을 앞두고 미중 무역 분쟁이 완화될 것이란 기대감 속에서 금융 시장의 흐름을 예측했다.

KB증권의 경우, 보수적인 전망과 궤를 같이하면서도 반도체 업계의 호황과 기업 이익률 개선이 이익 증가를 이끌 것으로 내다보았다. 또한 〈미디어펜〉의 2019년 11월 기사에 의하면 9개 국내 증권사가 내놓은 2020년 코스피 전망치도 밝다. 코스피 전망치의 평균이 2,177선으로, 2019년보다 약 77포인트 높은 수준이다.

하반기에 들어 낙관적인 전망으로 돌아선 이유는 재미있게도 금융 시장을 어렵게 만들었던 이슈들이 회복될 것이라는 기대감 때문이다. 미중 무역 분쟁이 완화될 것이라는 기대감, 상장사 이익 반등, 국내외 저금리 환경이 그 근거다. 미국 대선을 앞둔 상황이 오히려 갈등을 완화시키리라 보고 있는 것이다.

국내 증시에 대해서도 낙관적으로 돌아섰다. 2019년에 주요 상장사들의 이익이 급감했기 때문에 2020년에는 그 기저 효과로 실적 개선 뉴스가 증가하리라 내다본 것이다. 또한 역대 최저 금리는 주식 투자에 대한 매력을 부각시키는 요소도 될 수 있다고 본 것 같다.

이런 상황에서 우리는 어떠한 액션을 취해야 할까? 부지런히 주식 시장의 흐름을 살펴보고 생각하면서 사고해야 한다. 인문학적 사고를 요하는 부분이기도 하다. 주식은 확률 게임이며 심리 게임이다. 끊임없이 상황에 대해 생각하고 심리적인 이입을 해봄으로써 예상할 수 있어야 한다. 그러한 사고의 확장이 어려운 상황 속에서도 이슈를 볼 수 있게 하고, 주식 투자에서 아주 중요한 지표 역할을 하는 모멘텀을 볼 수 있게 해줄 것이다.

모멘텀이 없다?

투자에 있어 모멘텀은 매우 중요하다. 모멘텀을 간단히 설명하면 달리는 말에 채찍질을 가해 더 빨리 달리게 하는 것이다. 한마디로 투자의 가속도를 높이는 변수다.

시계를 앞으로 돌려 차.화.정이 주식 시장을 이끌던 시대로 가보자. 자동차, 화학, 정유 관련 분야의 산업 섹터가 주가를 견인할 때, A라는 자동차 기업의 주식을 일정량 매수했다. 그러다가 투자할 여유 자금이 더 생겼다고 하자. 이 시기에 자동차 산업은 주가를 계속 상승세로 끌어갈 모멘텀이 되었기에 별 의심 없이 A라는 종목을 추가 매수해도 수익률을 보장받을 수 있다.

코스닥 벤처 붐이 일었을 때도 모멘텀이 되었다. 정부가 고스닥 정책을 펼쳤고, 그에 따른 모멘텀이 형성되어 자금이 그쪽으로 몰려 주가를 견인했다. 얼마 전까지 바이오주 모멘텀도 형성되어 주가를 견인했다. 물론 임상 실패로 무섭게 하락세로 돌아섰지만.

모멘텀은 주가지수를 상승 또는 하락세로 견인하는 동력이다. 앞서 설명했듯 우리나라 주식 시장은 산업 섹터에 따라 모멘텀이 있다. 그런 까닭에 투자를 할 때 어느 정도 예측을 할 수 있고, 모멘텀 매매는 꽤 확률 좋은 매매 기법이 되기도 한다.

생각해보자. 장세가 상승세인지 하락세인지 가늠하는 기술적 분석을 하고, 시장 심리와 분위기에 따라 추격 매매를 한다. 시장의 역동적인 패턴과 정서에 근거해 투자하다 보니 밸런스가 맞는 것이다.

쉽게 말해 모멘텀 투자는 주식 시장을 주도해가고 있는 주도주나 어떠한 이슈에 따라 상승하는 테마주에 투자를 하는 것이다. 당연히 상승세에 있는 주도주를 골라 투자하다 보니 확률이 높다. 선정 기준은 작년 동기 대비 또는 전년 대비 매출액과 영업이익이 월등히 뛰어난 종목을 선정한 뒤 매수한다. 당연히 손절 기준을 지킬 때 확률이 높아진다.

이슈에 따라 떠오른 테마주에 투자하기 때문에 '이슈 투자'라고도 불린다. 임상 실험 발표에 따라 바이오주가 갑자기 급등했을 때도 모멘텀 투자라 할 수 있다. 상승세에 있다 보니 고점에 물려도 파동을 주며 떨어지는 주식 시장의 특성상 분할 매수하여 최소한의 손실로 빠져나올 수 있는 기회를 줄 수 있다.

이렇듯 지금까지 우리나라 주식 시장은 경제 상황과 맞물려 모멘텀이 존재했다. 문제는 지금 현 상황에서는 이렇다 할 모멘텀이 없다는 것이다. 전문가들은 지금을 '모멘텀 부재 시대'라 부른다.

하지만 모멘텀은 어떻게든 형성된다. 우리나라는 지정학적 위치상 미국, 중국, 일본에 둘러싸여 편치 않은 상황이다. 그러나 주식 시장에는 주가를 견인할 무언가가 반드시 나올 것이다. 그것을 어떻게 찾아내느냐가 관건이다. 그러기 위해 우선 현 경제 상황을 살펴보고, 그에 따른 우리나라의 경제 흐름을 살펴볼 필요가 있다.

2020년, 어떤 경제적 이슈가 나올까? 여전히 미중 무역 분쟁과 한일 관계 악화로 경제는 저공 행진할 확률이 크다. 미국의 중국을 겨냥한 개도국 혜택 제한에 우리나라가 포함되면서 고래 싸움에 새우 등 터지는 격이 되었다. 이 분쟁이 장기화될 것이란 예감이 주식 시장과 자본 시장에 반영되었기에 '불확실성이라는 확실성'이 수면 위로 떠오른 상황이다. 이에 우리나라도 수출 대상국을 다변화하는 노력을 추진하는 등 발 빠른 움직임과 함께 각종 경제 이슈에 반응할 것이다.

현대경제연구원의 '2020 경제 전망 보고서'를 살펴보면 경제 전망치는 좋은 편이 아니지만 전체적인 세계 경제 둔화에 비하면 크게 절망적이진 않다. 2019년 대비 경제성장률이 소폭 상승할 것으로 전망했다. 그러나 내수 부문, 투자 민간 소비 등 여러 분야에서의 세부 성장률이 감소할 거란 전망은 변함이 없을 것 같다. 이 감소세 속에

2020년 국내 경제 전망 (단위: %)

구분	2018년 연간	2019년			2020년		
		상반기	하반기	연간	상반기	하반기	연간
경제성장률)	2.7	1.9	2.3	2.1	2.4	2.2	2.3
민간 소비	2.8	2.0	2.3	2.2	2.5	2.2	2.3
건설 투자	-4.3	-5.1	-1.5	-3.3	-2.9	-0.9	-1.9
설비 투자	-2.4	-12.3	2.2	-5.4	3.9	1.8	2.8
수출증가율	5.4	-8.6	-9.6	-9.1	2.3	4.6	3.5
소비자물가	1.5	0.6	0.7	0.6	0.9	1.1	1.0
실업율	3.8	4.3	3.5	3.9	4.2	3.5	3.8

출처: (실적치) 한국은행, 통계청, 무역협회 / (2019년 하반기 및 2020년 전망치) 현대경제연구원

서 이슈를 찾고 모멘텀을 찾아야 한다.

설비 투자의 경우 증가를 전망하는 것은 2020 글로벌 경기 개선 및 교역 증가를 기대하는 가운데, 2019년 감소에 대한 기저 효과가 더해지고 반도체 경기 회복에 대한 기대감 등으로 소폭 회복될 가능성을 반영한 것이다. 또한 수출 증가율의 경우, 글로벌 보호무역주의의 흐름과 중국의 경기 둔화 지속으로 상승폭은 크지 않겠으나 약간의 회복을 기대한다고 볼 수 있다. '2020 경제 전망 보고서'에 의하면 성장의 폭은 크지 않고 매우 제한적이다.

이러한 전망 속에서 우리는 2020년에 어떤 경제적 이슈를 눈여겨보아야 할까? 〈연합뉴스〉가 2019년 10월에 발표한 2020년 6대 경제 이슈를 살펴보자.

첫 번째 이슈는 전 세계적인 경제 침체와 관련한 주요 선진국의

부양 정책 여력이다. 주요 선진국은 경기 침체를 방어하기 위해 여러 부양 정책을 단행했다. 하지만 낮은 금리와 국가 부채가 늘어남에 따라 통화 재정 정책에 제한이 생길 것이라 예상하고 있다. 미국의 경우, 2019년 7월과 9월 두 차례에 걸쳐 금리를 인하했다. 유럽중앙은행도 제로 정책 금리를 유지하고 있다. 중국, 러시아, 브라질, 인도네시아 등 신흥국의 중앙은행도 금리를 인하했다. 이러한 상황에서 우리 정부도 경기를 부양하기 위한 정책들을 실시하기에는 부담이 된다. 이런 까닭에 해외 투자의 경우, 그 나라의 경제 회복을 위한 정부의 부양 정책을 살펴보는 것이 주요 포인트가 될 것이다.

두 번째 이슈는 각 나라에서 발표한 경제성장률 2% 지지 가능성이다. 우리나라에서 2019년 하반기 경제성장률을 발표하자 IMF는 그보다 하락한 수치를 발표했다. 이런 까닭에 일부에서는 '그나마 2%대 성장률을 유지하는가'를 관건으로 보고 있다. 대외적으로도 경제성장률 하락 기조는 바뀌지 않으리라 보고 있다. 특히 제조업 생산지수가 하락세를 보일수록 국내 경기의 하강 원인이 되는 수출과 투자 부진이 일어날 것으로 본다. 글로벌 경제의 2%대 경제성장률 수치를 지켜보아야 한다.

세 번째 이슈는 국내 경제의 소비 주체가 되는 세력의 변화다. 2020년은 베이비붐 세대가 연금 수급자가 되는 시기다. 출생 인구가 급격하게 증가하던 1958년생 이후를 베이비붐 세대라 부르는데, 은퇴 시기와 맞물리며 연금을 수급하는 시기가 되면서 민간 소비에 커

2020 국내외 경제 이슈

이슈 제목	선정 배경
① 주요 선진국의 부양 정책, 여력이 있는가?	낮은 금리와 높은 정부 부채로 인해 향후 주요 선진국들의 통화 및 재정 정책 여력이 제한적일 것이라 예상
② 성장률 2%, 지지 가능한가?	3저 현상(저성장, 저물가, 저금리) 등 국내 경기 부진세 심화 및 완화적인 통화 정책의 경기 부양 효과 미약으로 경제성장률 2% 미달 가능성 제기
③ 연금 인구의 민간 소비 영향력 확대	2020년은 베이비붐 세대가 연금 수급자가 됨. 이에 연금 인구가 민간 소비에 미치는 영향력이 확대될 전망
④ 부동산 경기, 변곡점 이후?	2020년 부동산 시장 약세 인식이 우세하지만, 정부 정책 추가 진행 여부 및 수급 불일치 등으로 일부 지역의 불안정성 지속 가능성 상존
⑤ 여전히 녹록치 않은 수출 여건	2020년 수출 회복을 견인할 긍정적인 요인들이 존재하나 영향력은 미미할 전망이며, 여전히 수출 경기의 하방 압력으로 작용하는 요인들이 존재
⑥ 기업 부실 리스크 확대	경기 부진으로 기업의 수익성 및 채무 상환 능력이 약화됨에 따라 기업 부문 부실 리스크 확대가 우려

출처: 〈연합뉴스〉

다란 영향력을 미칠 것으로 보고 있다. 실제로 투자 컨설팅 의뢰 고객들 중에 베이비붐 세대가 상당수 포진되어 있다. 누구보다 가정을 위해 열심히 일해 온 그들은 자녀 교육과 노후 재정까지 경제적인 관심이 크다. 전체 인구의 13.8%에 해당하는 이들이 어떻게든 민간 소비에 영향을 미칠 것이다. 경제적으로 그들의 움직임에 관심을 기울일 필요가 있다. 또한 대규모 은퇴 시기가 이어질 때 소득 감소에 따른 큰 폭의 소비 감소 가능성도 살펴보아야 한다.

네 번째 이슈는 부동산이다. 우리나라의 부동산 정책은 언제나 뜨거운 감자다. 물론 정부의 부동산 시장 안정화 정책으로 전국적으로 주택 가격 하락에 대한 인식이 공론화되어 있지만 추가 대책이 잘 진행되는지 살펴볼 필요가 있다. 3기 신도시 예정 지역과 교통 개발 지역 상승, 수급 불일치 등으로 불안정한 상황도 연출될 것으로 보인다. 부동산 시장의 추이 변화는 경제적 이슈가 될 확률이 크다.

다섯 번째 이슈는 글로벌 경제 안에서의 수출 여건이다. 보호무역주의의 확산과 우리 경기를 견인하던 반도체 시장의 회복이 아직은 상승세를 타지 못하고 있다. 여전히 수출 여건이 어렵다. 2019년 반도체 경기가 큰 폭으로 하락해 그에 따른 반등을 기대하지만 그 폭은 조금 더 지켜봐야 할 것이다. 미중 무역 분쟁과 한일 관계 악화로 세계 경제 안에서 한국 경제, 특히 수출은 새로운 시장을 개척한다는 심정으로 돌파구를 찾아야 한다. 2019년 어려운 상황에서도 잘 버텨주었기 때문에 희망을 걸어본다.

마지막으로 살펴볼 여섯 번째 이슈는 기업 부실 리스크 확대다. 안타깝게도 경기 부진이 계속되면서 기업의 수익성이 악화되어 기업 부실 리스크 확대 우려가 있다. 수출 감소세가 심화되면서 기업의 경기가 내수 부진으로 이어지고 있다. 실제 최근 상장기업 중 매출액 영업이익률이 마이너스 혹은 5% 미만으로 낮아진 기업의 비중이 증가하고 있다. 이에 따라 3년 연속 영업이익으로 이자 비용도 지불하지 못하는 한계기업 비중도 확대되고 있다. 이러한 흐름은 기업 부실 리스크가 확대될 우려로 이어질 수 있다. 당연히 주식 투자를 할 때 기업의 리스크는 최우선으로 확인해보아야 한다.

모멘텀은 경제적 이슈에서만 발생하지 않는다. 정책에 따라 주가가 움직이는 정책주와 테마주에 따라 주식 시장이 움직이기도 한다. 개인적으로 2020년을 예측해볼 때 한국과 북한, 미국 간, 한국과 일본 간의 복잡한 관계 속에서 방위 관련 모멘텀도 형성될 수 있지 않을까 생각한다.

얼마 전에 미국이 우리나라에 방위비를 요구했다. 미중 무역 분쟁으로 인해 많은 타격을 받고 있는데다 독도 훈련으로 일본 자위대에 비해 우리나라의 방위력이 턱없이 부족한 것이 드러났다. 세계 국방력 7위라지만 정작 제대로 역할을 하지 못한다는 것이 드러난 만큼 미국의 요구도 요구이지만 우리 정부로선 방위의 부담이 더 커졌을 것이다. 그로 인한 국방비 증액은 당연한 일이 될 테니 그에 따른 이슈가 생겨날 가능성이 있다.

또한 한일 지소미아가 파기되면서 우리나라는 태국 정부와 지소미아를 맺었다. 아직 우리 정부와 FTA 체결이 맺어져 있지 않은 상태에서 자칫하면 세금 폭탄을 맞을 수도 있다. 그런데도 이를 체결한 것은 국방적인 이유뿐 아니라 경제적인 이유도 있을 것이라 해석된다. 당연히 관세협정을 맺을 것이고, 그로 인해 수출 효과가 있으리라 예상해볼 수 있다.

주식 시장은 모멘텀을 형성하며 흘러가는 특징이 있다. 여전히 어려운 경제 상황에서 국내 증시의 회복 전망이 솔솔 나오는 가운데, 모멘텀의 부재는 성장의 저해 요소가 될 수도 있다. 그렇기에 관

런 업계에서는 어떻게든 모멘텀 형성에 관심을 기울일 것이다. 우리
는 그 흐름을 읽으면 된다.

한 해를 이끌어갈 키워드를 찾아라

얼마 전에 2020년을 이끌어나갈 소비 트렌드를 짚어주는 책《트렌드 코리아 2020》이 출간되었다. 서울대 김난도 교수가 쓴 이 책에는 새로운 트렌드를 지칭하는 온갖 생소한 단어들이 소개되어 있다. 책에서 꼽은 열 가지 트렌드가 참으로 흥미롭다.

이 책에서는 2020년 세 가지 트렌드 축을 '성장', '양면성', '세분화'로 보고 있다. 그 속에 포함된 열 가지 키워드는 다음과 같다.

   1. 멀티 페르소나(Me and Myselves)

   2. 라스트핏 이코노미(Immediate Satisfaction: the Last Fit Economy)

   3. 페어 플레이어(Goodness and Fairness)

4. 스트리밍 라이프(Here and Now: the Streaming Life)

5. 초개인화 기술(Technology of Hyper-personalization)

6. 팬슈머(You're with Us, Fansumer)

7. 특화 생존(Make or Break, Specialize or Die)

8. 오팔세대(Iridescent OPAL: the New 5060 Generation)

9. 편리미엄(Convenience as a Premium)

10. 업글인간(Elevate Yourself)

이들 키워드의 영어 앞 글자를 따면 'MIGHTY MICE(마이티 마이스, 마이스는 쥐를 뜻하는 '마우스'의 복수형)'가 된다. 본래 가지고 있는 힘은 적지만 다른 동물과 힘을 합쳐 히어로가 되는 존재다. 열 가지 키워드에 대해 잠시 살펴보자.

'멀티 페르소나'는 다양한 상황이나 매체에 맞게 자신의 모습을 드러내는 현상을 말한다. 상황에 따라 가면을 바꿔 쓰듯 태세 전환이 빠른 현대인의 양면성을 의미한다. 양면적 소비 형태나 취향 정체성 등의 트렌드를 이해할 수 있는 키다.

'라스트핏 이코노미'는 소비자가 얻는 최종적인 만족을 최적화한다는 의미다. 쇼핑의 번거로움을 줄이는 배송의 라스트핏, 슬리퍼를 신고 나갈 거리에 위치한 슬세권과 관련이 있는 이동의 라스트핏, 구매 여정의 라스트핏으로 나뉜다.

'페어 플레이어'는 공정함을 가장 중요하게 생각하는 세대가 시장을 평정하는 현상을 의미한다. 상품의 객관적 특성은 물론, 브랜드의 공정성까지 따지면서 나타난 트렌드다.

'스트리밍 라이프'는 현재를 중시하는 세태를 의미한다. 다운받던 시대에서 스트리밍하는 시대로 변화하면서 사람들이 소유보다 경험을 중요시하기 때문에 렌탈, 구독, 멤버십 등에 집중한다.

'초개인화 기술'은 실시간으로 소비자의 상황과 니즈를 파악하고 예측하기 위한 기술을 의미한다. 최첨단 기술이 융합되어 개별 상황을 세분화하고 분석해 최적의 순간에 가장 원하는 경험을 적절하게 제공하는 기술이다. 이미 넷플릭스에서 추천 영화를 보여주거나 쿠팡에서 관련 상품을 보여주는 것 등을 통해 초개인화 기술이 실현되고 있다.

'팬슈머'는 소비자가 직접 투자하고 제조·기획함으로써 주어진 선택에만 만족하지 않는 소비자의 특성을 의미한다. 인플루언서와 연예인에 대한 지지와 비판, 서포터, 크라우드 펀딩 등이 팬슈머의 예다.

이런 까닭에 특화성에 집중한다. 더 이상 보편적인 것도, 특별한 것도 살아남기 힘들기 때문이다. 선택된 소수의 확실한 만족을 유도하여 리치(rich)함을 위한 니치(niche)함으로 살아남는 트렌드가 바로 '특화 생존'이다.

다음 키워드는 '오팔세대'다. OPAL은 'Old People with Active Lives(활발한 인생을 사는 신노년층)'의 약자인 동시에, '58년생'의 '오팔'을 의미한다. 베이비붐 세대의 대표성을 띤 이 세대는 자신만의 콘텐츠를 구매하고 여가생활을 활발하게 즐기며 새로운 일자리에 도전한다. 자신만의 색깔이 매우 다채롭다. 새로운 소비 계층으로 공략할 필요가 있어 보인다.

이제는 '편리미엄'의 시대가 되고 있다. 많은 사람이 상품을 구매할 때 더 이상 가성비만 따지지 않고 편리를 프리미엄으로 생각하기 때문에 시간 활용을 중요하게 여긴다. 부족한 시간에 나 대신 집안일이나 심부름 등을 처리해줄 제품과 서비스를 최대한 활용하는 등 수시로 노동력을 제공하고자 하는 가교형 노동자라는 공급을 프리미엄 수요와 연결해 만들어낸 현상이다.

마지막 키워드는 '업글인간'이다. 이는 자신을 발전시키고 '어제보다 나은 나'를 지향하는 젊은 세대를 의미한다. 성장으로써의 재미와 경험 수집으로써의 의미를 동시에 추구하는 모습을 엿볼 수 있다.

지금까지 열 가지 소비 트렌드를 살펴보았다. 무엇이 느껴지는가. 소비는 경제와 함께 흘러가기 때문에 그 속에 경제 흐름이 있다. 개인적인 2020 트렌드를 한마디로 표현하면 '지극히 개인화되어 가는 첨단 사회로의 지향'이다. 열 가지 트렌드에서 첨단 기술과 융합되지 않는 것이 없을 정도다. 결국 이는 기업이 무엇을 지향할지, 그래서 주식 시장은 어떻게 흘러갈지 짐작할 수 있는 부분이기도 하다.

미래전략정책연구원에서 내놓은 《10년 후 한국 경제의 미래》를 보면 소비 트렌드에서 요구되는 각종 첨단 기술이 앞으로의 한국 경제를 이끌어갈 키워드로 등장한다. 경제와 소비는 비례 관계이기에 당연하다. 5G를 넘어 6G 기술, 인공지능, 자율주행, 블록체인, 가상현실 등의 키워드가 소개되어 있다. 이미 관련 기술이 실행되고 있지만 향후 10년간 더욱 업그레이드되어 경제 전면에 영향을 미칠 것이라 예상하고 있다. 뿐만 아니라 이 책은 국내외 미래학자들의 소견과 기관 정책 보고서 등의 자료를 바탕으로 한국 경제의 신성장 동력이 될 산업 기술을 소개했다. 인공지능, 사물인터넷, 블록체인, 헬스케어 등 제4차 산업혁명의 신기술이 바로 그것이다.

이미 이러한 기술은 상용화되고 있다. 아마존의 경우, 인공지능 로봇이 사람을 대신해 상품 정보를 인식하고, 입력한다. 또한 무인 운반 로봇이 상품을 운반하고, 재고 입출고 관리, 포장 배송까지 한다. 게다가 고객 만족을 위해 인공지능과 빅데이터를 활용해 정보와 자료를 만들어 제공하는 등 제4차 산업혁명 신기술을 제대로 활용하고 있다. 이는 가까운 미래의 기업, 미래의 경제를 보여준다. 앞으로 6G가 상용화되면 자율주행차와 스마트시티 스마트홈이 확산될 것이다. 인공지능 기술이 금융을 비롯한 다양한 분야에서 활용될 것이다. 제조업과 서비스업에 드론과 로봇이 등장할 것이고, 앞서 살펴본 소비자 시장에서는 좀 더 세밀화되고 특화된 첨단 기술의 활용이 요구될 것이다.

2020년, 우리 경제는 여전히 변화무쌍할 것이다. 이런 상황에서 한 해를 이끌어갈 키워드를 살펴보는 것만으로도 경험을 쌓을 수 있을 것이다. 앞서 언급한 열 가지 소비 트렌드 키워드뿐 아니라 레트로에서 확산된 뉴트로와 구독경제, 제4차 산업혁명 관련 사물인터넷 기술, 헬스케어, 인공지능, 6G, 자율주행차 등이 경제의 흐름을 읽어낼 키워드가 될 것이다.

Tip.
환율과 주가

주식 투자에 있어 환율은 주식과 어떤 관계일까? 언뜻 보아서는 주가와 환율은 관계가 없어 보인다. 하지만 실제 주가와 환율은 밀접한 관계다. 환율 변동에 따라 자금의 주식 시장으로의 유입이 좌우되기 때문이다. 환율은 경제 흐름의 최일선에 있고, 다음과 같은 비례 관계가 성립한다.

원화 절하 → 환율 상승 → 수출 호황 → 외국 자금의 이탈 → 주가 하락

원화 절상 → 환율 하락 → 투자 호황 → 외국 자금의 유입 → 주가 상승

원화의 가치가 올랐다는 것은 환율이 하락했다는 것으로, 기축 통화인 달러의 약세를 의미한다. 이는 외국인들의 자금 투자를 촉발하고, 국내에 유입된 그 자본으로 주식 시장은 호황을 이룬다. 외국인의 자금에 따라 주가가 움직인다는 사실이 이해가 되지 않을 수도 있겠으나, 우리 증시에서 30% 이상이 외국인의 자금이기 때문에 가능하다.

한마디로 원화가 강세일 때 국가 신용도가 높아지고, 기업 재정이 튼튼해지며, 투자가 활성화되어 주가도 상승장을 형성한다. 물론 반대의 경우도 있다. 가까운 일본의 잃어버린 20년 흑역사는 엔화 절하에 따른 환율 상승이 수출을 막았고, 그 후 통화 가치가 올라가며 투자를 활성화시켜 글로벌 투기 자금이 몰렸지만 버블이 터지면서 20년 동안 긴 침체기에 빠졌다. 환율이 이 모든 불황의 근원은 아니지만 영향을 미친다는 사실을 부인할 수는 없다.

물론 환율과 주가가 반드시 일치하는 흐름을 보이는 것은 아니다. 그 틈에서 다른 경우의 수도 발생한다. 환율이 오르고 주가가 하락한 상황에서도 기업의 이익이 증가하는 경우가 있다. 수출 중심 기업의 경우, 환율 강세가 수출에 부담이 되기도 하지만 외화 자산을 소유하고 있다면 상황이 달라진다. 환율의 틈에서 수혜를 누릴 수도 있다. 그러므로 외국인의 자금이 대거 투입된 우리나라 증시 상황에서 환율의 흐름을 알고 움직이는 것도 하나의 투자 팁이 될 수 있다.

Part 3.
흐름을 타라
: 어떤 산업에
투자할까?

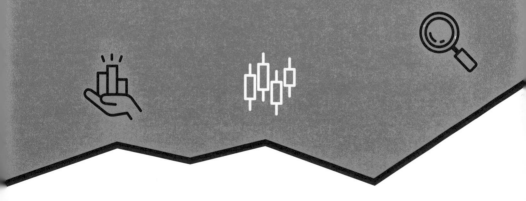

눈여겨볼 산업군

내가 찍은 기업의 주식이 날마다 오르면 얼마나 좋을까? 대부분의 사람은 쳐다보지도 않는 종목인데 내가 사고 난 뒤 두 배, 세 배로 뛰면 주식 투자를 할 맛이 난다. 하지만 그런 일은 거의 없다. 기대하지 않는 게 좋다. 주식 투자는 철저히 생각하고, 분석하고, 확률을 따지는 심리 게임이다. 그래서 자꾸만 들여다보고 예상해보면서 투자 근육을 늘려야 한다.

그렇다면 2020년에는 어떤 업계를 눈여겨보아야 할까? 2017년을 정점으로 주가의 상승세가 꺾여 하락세를 보였다. 2019년에는 워낙 변화무쌍한 이슈들이 여기저기에서 발행해 예측이 힘들었고, 개별주로 흐름이 이어지는 양상이었다.

그럼에도 조금씩 주식 시장에 낙관적 시선이 유입되는 상황이기 때문에 조심스럽게 유망한 종목들이 거론되고 있다. 2020년 주식 시장에 낙관성을 불어넣어줄 유망한 분야를 살펴보면, 각 증권사나 경제연구소의 자료가 조금씩 차이가 있지만 공통적인 점도 있다. 반도체를 비롯한 제4차 산업혁명 기술 관련 분야, 5G 관련 산업의 약진과 핫이슈가 된 환경 분야의 산업이 낙관적인 전망이다.

이를 뒷받침할 근거가 무엇일까? 2020년에 들어서면서 이들 산업과 관련한 경제적 환경 변화를 꼽을 수 있다. 이미 5세대 이동통신이라 불리는 5G는 글로벌 시장으로 확장 중이다. 5G는 최대 속도가 20Gbps에 달하는 이동통신 기술로, 4세대 통신인 LTE에 비해 20배가량 빠르고 처리 용량도 100배가 많다. 초스피드와 무한 용량으로 제4차 산업혁명의 핵심 기술인 가상현실과 자율주행, 사물인터넷 기술 등을 구현할 수 있다는 강점이 있다. 이미 글로벌 주요국들은 경쟁적으로 5G 상용화 투자를 서두르고 있다. 국내에서는 수십조 원, 전 세계적으로는 수백조 원의 투자가 다년간에 걸쳐 이루어질 전망이다. 이러한 통신 환경의 변화를 앞둔 상황에서 설비 투자 등 5G 생태계 확장은 당연한 흐름이다.

생태계 확장은 국내의 경우, 5G 전국망 구축 목표에 따라 기지국 안테나, 인빌딩 중계기 및 통신 네트워크 장비 구축 등의 인프라를 조성하는 것을 의미하기 때문에 관련 산업의 동반 성장과 그에 따른 주식 시장에서의 활약을 기대해볼 만하다.

또한 소재와 부품, 장비 관련 기업들도 눈여겨볼 만하다. 이미 우리나라는 미중 무역 분쟁과 한일 경제 대립 등을 통해 기술 자립화를 절실히 느꼈다. 신보호무역주의로 제조업에 대한 글로벌 가치사슬이 변하는 상황에서 우리는 우리만의 기술과 소재, 부품 장비를 확보해야 한다는 것을 인식했다. 만성적 해외 의존 구조에서 벗어나려는 자구책이 필요한 시점이기 때문에 소재 부품 장비의 국산화 및 고도화를 위한 정책 변화와 함께 기업 투자가 이어질 것이라 예측한다.

예를 들어 일본이 규제한 3대 소재(포토레지스트, 불화수소, 플루오린 폴리이미드)는 반도체 디스플레이, 자동차 기계 장비 등에 엄청난 영향을 미치고 있다. 그리고 이 소재의 국산화를 위한 노력을 기울이는 업계가 나오고 있다. 이러한 시대적 요구에 따른 기업 환경 변화를 살펴보고 발전의 흐름을 주목해보아야 한다.

핀테크 시장 역시 2020년에 성장세를 보일 것이다. 지금은 대부분의 사람이 현금이 아닌 카드를 사용한다. 따라서 몇 차례 확인이 필요한 복잡한 결제가 아닌 간편결제가 필요해지고 있기 때문에 편리함을 앞세운 IT 기업 주도의 간편결제 서비스 성장세가 계속될 것이다. 정부에서도 데이터 3법 개정 추진 등 핀테크 관련 규제 완화 움직임을 확대하고 있다. 이러한 정부 정책과 맞물려 관련 분야의 성장은 계속될 것이다. 덧붙이자면, 결제뿐 아니라 자산을 관리하고 투자를 관리하는 등 금융 전반이 포함되는 핀테크 플랫폼 사업도 유망하다.

환경 섹터, 특히 미세먼지 관련 산업도 시장이 커질 것이다. 이제는 친환경이 아닌 필(必)환경이라는 말이 나올 정도로 환경이 전 세계적인 관심사가 되었다. 공기 청정 구역에 속했던 우리나라도 미세먼지가 국민들의 실생활을 위협하고 있다. 환경 문제는 정부가 나서서 해결해야 할 문제다. 우리 정부 역시 환경 규제 강화 기조로 가고 있다. 특히 기업의 생산 과정에서 발생하는 환경 위해 요소를 제재하기 위한 정책을 펼치고 있다.

이제는 저감 설비 및 필터와 같은 기술력을 보유한 기업에 여러 혜택이 주어질 것이고, 사람들의 관심이 증가할 것이다. 환경 문제는 정부와 기업이 같은 기조로 움직여야 하기 때문에 정책에 발맞춰 가는 기업에 대한 전망이 좋다. 분야는 넓다. 친환경 차량을 만드는 기업, 대기 환경 플랜트 기업, 필터 전문 기업 등 다양한 분야에서 친환경 기업 환경을 갖춘 기업들이 유망할 것이다.

2020년 국내 주식 시장은 정책과 함께 움직이면서 시대가 요구하는 기술력이나 소비 트렌드 변화와 함께 이동할 것이다. 변화와 이동의 흐름에 따라 새로운 산업이 형성되고 이합집산될 것이며, 그 속에서도 전통 산업의 부흥 요소도 갖고 있기 때문에 주식 시장은 갈수록 변화무쌍해질 것이라 생각한다.

반도체의 회생

반도체가 살아난다?

우리나라 반도체 기술은 세계 톱은 아니지만 높은 수준을 자랑한다. 특히 삼성이 반도체 제조로 경제를 견인하며 전 세계적으로 우리나라의 기술 수준을 올렸다. 제4차 산업혁명 시대를 맞아 반도체와의 연관성이 더욱 긴밀해졌기 때문에 반도체는 늘 화제의 중심에 있다.

반도체 시장은 20년간 급성장하면서 주식 시장을 견인했지만 주식 시장이 고점을 찍고 내려오는 흐름과 한일 관계의 악화 속에서 반도체 원자재가 주요 이슈가 되면서 상황이 좋지 않았다. 하지만 반도체 시장에서 가장 큰 타격을 입을 거라 예상했던 삼성이 오히려 위기 타계에 나섰다. 일본 기업에게서 공급받던 원자재 수입이 어려워지자 정부에서도 제조업을 살리자는 정책으로 전환했다. 이에 삼성은 자체 원자재인 불화수소의 국산화가 가시화되어 기존에 수입해온 원자재를 잘 조합하고 융합했던 것에서 원자재 제조까지 가능한 상황을 만들었다. 이것이 신호탄이 되어 우리나라 반도체 업계에 청신호가 켜졌다. 세계적인 IT 강국인 우리나라에서 반도체 수요는 앞으로도 늘어날 것이다. 이는 전 세계 글로벌 산업 시장도 마찬가지다. 지속적인 발전 가능성을 지니고 있는 만큼 상승 가능성은 상당하다. 주가가 돌아설 환경이 조성되고 있다.

이미 KB증권의 2020 주식 전망 보고서를 비롯한 각종 주식 관련 기사가 반도체 시장의 성장을 전망했다. (물론 극과 극의 전망은 언제나 존재한다) KB증권은 현재 바닥을 지나가고 있는 반도체 업황이 투자 심리에 긍정적으로 작용할 수 있다고 전망했다. 또한 2000년대 인프라 투자의 핵심 중간재가 소재 산업재였다면, 2010년대 제4차 산업혁명 투자의 핵심 중간재는 반도체라며, 투자 사이클 반등은 반도체 업종 주가에 강력한 성장 계기가 될 수도 있음을 언급했다.

조금 더 구체적으로 살펴보자. 반도체 주식 시장을 긍정적으로 전망하는 이유는 5G 상용화에 따른 저장 공간의 필요성과 콘텐츠 개발에 따른 데이터에 대한 서버 신규 투자가 재시작되기 때문이다.

이미 PC 디램과 모바일 디램 가격의 하락세가 멈춰있고, 선행 지표도 연속 호조다. 해외 시장뿐 아니라 삼성전자, 화웨이의 모바일 디램 수요 증진 등 한국 메모리 반도칩 핵심 현금 흐름인 디램 수요가 회복되고 있다. 반도체 시장을 견인할 만한 이슈들이 하나둘 생기고 있다는 것은 턴어라운드할 기회가 있음을 의미한다. 따라서 2020년 반도체의 산업 추이와 주식 시장에서의 지속적인 발전 가능성을 살펴볼 필요가 있다.

5G 기술과 함께 크는 반도체 시장

글로벌 반도체 시장이 새로운 슈퍼 사이클에 진입할 것이란 분석이 꾸준히 나오고 있다. 글로벌 시장조사 업체 IHS마킷이 2019년 10월에 발표한 보고서에 따르면, 2018년 연말부터 업황 둔화로 부진을 면치 못하던 반도체 시장이 제4차 산업혁명 관련 기술의 비약적인 발전으로 동반 성장할 것이라는 예측이 지배적이다.

IHS마킷의 보고서 내용을 살펴보면 2018년에 매출 4,856억 달러였던 반도체 시장이 2019년에 4,228억 달러로 급감했다. 하지만 2020년에는 그보다 5.9% 늘어난 4,480억 달러로 전망했다. 2019년에 급락한 시장이 1년 만에 다시 상승세로 돌아선다는 예측이다.

이유가 뭘까? 5G 기술 덕분이다. 보고서에 따르면 5G 기술 도입에 따른 경제적 파급 효과를 주목하고 있다. 이 파급 효과가 어마어마하다. 5G 기술이 사용될 분야는 스마트폰을 비롯해 자동차, IoT, 데이터센터 등이다. IHS마킷의 선임 연구원인 렌 젤리넥의 인터뷰 내용이 근거를 뒷받침한다.

"반도체 산업의 역사를 돌아보면 매번 하락 국면(다운 턴) 때마다 대규모 수요를 유발하는 기술 혁신이 등장했다. 월드와이드웹(WWW), 아이폰 출현 등이 그 예다. 이제 5G라는 또 다른 역사적인 혁신이 등장했다."

이어 그는 5G 기술의 영향력은 IT 산업의 범위를 넘어 사회 모든 측면에서 새로운 경제적 효과를 일으킬 것이라고 예상하며 반도체 수요가 확대될 것으로 보았다. 2020년에 본격적으로 상용화될 5G 기술이 무엇이기에 이렇게 시장을 뒤흔들 여력이 있는 것일까? 간단히 말해 5G 기술은 세 가지 속성을 지니고 있다.

‡ 초고속성
‡ 초저지연성
‡ 초연결성

지금 이 시대는 빠르고, 버퍼링이 생기지 않고, 어디서나 연결이 가능한 기술을 요구하고 있다. 5G 기술은 그러한 요구에 부합한다. 기존 기술에 비해 전송 속도가 20배나 빠른 초고속성과 지연 시간이 10배 짧아진 초저지연성, 10배 많은 사물이 연결될 수 있는 초연결성을 지니고 있다. 바로 이러한 속성들 때문에 제4차 산업혁명의 핵심 인프라로 주목받고 있는 것이다. 또한 이러한 속성들 때문에 제

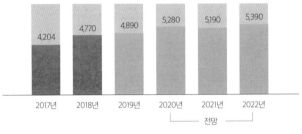

세계 반도체 시장 전망(단위: 억 달러)

출처: 가트너, 이코노미스트

4차 산업혁명 시대의 산물이 자율주행차나 사물인터넷 등 5G 기반 기술이 구현되는 과정에서 데이터 트래픽의 증가를 가져올 것으로 예상하고 있다.

메모리 반도체 시장의 성장

그렇다면 반도체 시장을 끌어올릴 요인은 어떤 것일까? 2019년 반도체 시장 부진의 요인이 어떤 것이었는지 살펴보면 알 수 있다. 부진의 요인은 반도체 기억소자인 디램과 전원이 꺼져도 기억이 지워지지 않는 메모리 반도체인 낸드(NAND) 플래시 등의 가격이 하락했기 때문이다.

그런데 그 하락세가 진정되는 추세다. 나아가 반도체 시장을 구성하는 메모리 반도체, 시스템 반도체, 광개별소자 모두 성장할 것으로 보고 있다. 그중에서도 특히 메모리 시장의 성장폭을 예의주시하고 있다. 제4차 산업혁명 관련 IT 기술 발전에 따라 생성되는 데이터의 양이 폭증하고, 이를 저장하고 분석하기 위한 데이터센터와 메모리에 대한 수요는 이미 증가하고 있다. 인터넷상에서 생산·유통되는 정보의 주류가 텍스트 위주의 정보에서 이미지나 영상으로 이행되고, 콘텐츠의 고화질화가 진행되면서 정보 저장에 필요한 메모리 용량이 늘어나고 있다. 또한 방대한 병렬 연산이 필요한 머신러닝 기술이 등장하면서 기존 CPU 중심 컴퓨팅의 병목 현상, 성능 저하 문제가 부각되고 있다. 이를 해결하기 위한 방안으로 메모리 중심 컴퓨팅 개념이 등장하고 있다. 이러한 패러다임에 맞는 핵심 부품인 반도체의 고성능화, 지능화, 저전력화, 경량화, 소형화를 위한 기술 선점이 치열할 것으로 보인다.

무엇보다 인공지능, 자율주행차, 사물인터넷, AR/VR, 지능형 로봇, 센서 등 반도체 기술을 활용한 다양한 애플리케이션 시장의 성장으로 인공지능을 기반으로 한 다양한 반도체 시장이 새로운 성장 동력으로 등장할 것이다. 또한 그로 인한 수요도 꾸준히 증가할 것이다.

전자 부품 전문 미디어 디일렉(http://www.thelec.kr)에 따르면 이러한 영향으로 2020년 메모리 반도체 시장은 9.0% 확대된 1,258억 달러에 이를 전망이다. 2021년과 2022년에도 성장할 것이란 전망도 있다. 메모리 중에서도 디램과 낸드의 성장을 주목하고 있다.

디램은 2020년에 10.2%, 2021년에 19.6% 성장할 전망이다. 그러다 2022년에 0.6%, 2023년에 6.7% 역성장이 이어질 것이다. 2019년에 큰 폭으로 역성장(29.2%)하고 2년간 회복세를 보였다가 나시 하

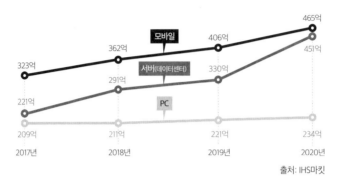

전 세계 디램 수요량 추이(단위: Gb)

- 모바일: 323억 (2017년), 362억 (2018년), 406억 (2019년), 465억 (2020년)
- 서버(데이터센터): 221억 (2017년), 291억 (2018년), 330억 (2019년), 451억 (2020년)
- PC: 209억 (2017년), 211억 (2018년), 221억 (2019년), 234억 (2020년)

출처: IHS마킷

락세로 돌아서는 셈이다.

마찬가지로 낸드는 2020년부터 2022년까지 성장할 것으로 내다보고 있다. 2020년에 7.9% 성장하고, 2021~2022년에 연 20%대 상승세를 이어갈 전망이다.

메모리 반도체 시장 외에 시스템 반도체도 이들 만큼은 아니지만 완만한 성장을 예상하고 있다. 2020년에 2.4% 정도 상승하며 과년도 수준을 회복할 전망이며, 시장 규모 역시 2,445억 달러로 보는 등 앞으로 향후 2~3년간 시스템 반도체 시장은 연 4% 성장세를 전망하고 있다.

디램과 시스템 반도체 외에 반도체 시장을 구성하는 광개별소자의 시장도 동반 성장할 것이란 전망이 대세이기 때문에 이를 토대로 반도체 시장은 전반적인 상승세를 탈 것이라 예상된다.

세계적인 반도체 시장의 상승세 속에 우리나라 반도체 시장 역

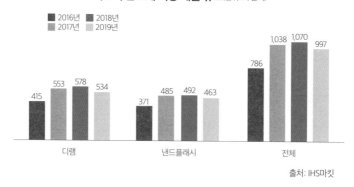

메모리 반도체 시장 매출 규모(단위: 억 달러)

■ 2016년 ■ 2018년
■ 2017년 ■ 2019년

디램: 415, 553, 578, 534
낸드플래시: 371, 485, 492, 463
전체: 786, 1,038, 1,070, 997

출처: IHS마킷

시 비슷한 흐름으로 갈 것이다. 2019년 반도체 시장의 규모는 4,855억 달러였다. 이 가운데 한국 시장의 비중은 23.7%였다. 구체적으로 살펴보면 메모리 반도체 시장에서 한국의 비중은 61.7%, 시스템 반도체 시장에서의 비중은 3.1%다. 확실히 메모리 반도체 시장이 많은 비율을 차지하고 있음을 알 수 있다. 그러니 당연히 2020년 반도체 시장에서도 메모리 반도체 시장을 주목할 수밖에 없다.

최종훈의 추천 종목

반도체 시장의 상승 기류에 따라 여러 관련 기업의 주가가 움직이는 가운데 아무래도 국내 반도체 시장을 움직이는 주도주인 삼성전자와 SK하이닉스가 반도체 시장을 이끌어갈 것이다. 일각에서 반도체 고점이 끝났다 하지만 2018년과 2019년의 순익을 고려할 때 두 기업의 주가가 너무 낮다.

이미 두 기업의 수년간 매출과 영업이익의 증가세를 볼 때 시장 지배력이 확립된 상태에서 2020년 반도체 시장의 회복에 대한 기대감이 더해지면 두 기업은 상승세를 탈 것이라 예상한다. 특히 대규모 투자가 필요한 기술집약적인 산업이 반도체 업종인 만큼 후발주자가 진입하기 쉽지 않다. 반도체 업체의 투자처를 살펴볼 때는 기술력과 자본력을 특히 고려해야 한다.

√ 추천 종목 ❶ 네패스(033640)

반도체 패키징이 주력인 코스닥 상장 업체다. 패키징은 반도체와 장치를 연결하기 위해 전기적으로 포장하는 공정이다. IoT, 5G, 자율주행과 같은 기술이 실현 단계에 오면서 스마트폰 이외의 다양한 IT 디바이스에서도 칩의 기능을 극대화시키는 첨단 패키징 기술에 대한 요구가 급증하면서 주목받고 있다.

네패스는 팬아웃 WLP, 팬아웃 PLP 기술로 반도체 후공정 부문에서 세계적으로 경쟁력이 있는 업체다. 2020년의 예상 매출은 4,520억 원(+125%)이다. 현재 외인 보유고는 11.43%, 260만 주(2019년 9월 2일 이후 +7.1%, +160만 주)다. WLP보다 생산성이 3배나 증대된 PLP 기술력의 유무가 미래 성장의 잠재력을 판단하기 때문에 네패스의 PLP 기술력이 유의미한지 모니터해볼 필요가 있다.

√ 추천 종목 ❷ 아이티엠반도체(084850)

2차전지의 과충전과 과방전을 방지하는 2차전지 보호회로 제품을 생산하는 업체다. 2차전지 보호회로는 배터리 발열과 폭발, 수명 단축, 용량 감소 등을 방지하는 역할을 한다. 휴대폰, 노트북, 태블릿, 웨어러블 기기, 드론, 전기자동차 등 다양한 제품에 탑재되며 제품 수요가 늘어나면서 2020년 매출 전망은 5,900억 원(+147%)으로, 상승 추세를 보이고 있다.

더불어 2020년 5G 스마트폰 출하량이 1천만 대에서 17배 이상 급증한 1억 9천만 대에 이를 것이라는 IDC 보고서의 전망과 신규 상장된 후 애플이 최근 출시한 무선 이어폰 신제품 에어팟 프로용 배터리 보호회로를 단독 공급한다는 소식에 급등세를 탔다. 향후 수년간 스마트폰으로 활용할 수 있는 콘텐츠가 증대되면서 고효율의 배터리가 요구되어 아이티엠반도체의 발전 전망은 매우 밝다.

정부가 밀어주는
수소자동차

정부의 정책 사업, 수소자동차

빤한 월급을 가지고 힘들게 살아온 부모님 세대를 생각해보자. 자식을 키우면서, 살림하면서 어떻게든 저축해 내 집을 마련하기 위해 허리띠를 졸라매고 또 졸라맸다. 그런데 그런 와중에도 한 달 생활비 지출에서 줄어들지 않고 떡하니 버티고 있는 것이 있었다. 바로 자녀 교육비다. 자녀들 입장에서는 딱히 공부하고 싶은 마음이 없는데, 부모님의 뜻은 확고하다. 부모님은 자식 농사를 잘 짓겠다는 마음으로 교육을 중요하게 생각하셨다. 나라의 살림도 그렇다. 한 해 동안 예산을 들여 분야별로 자금을 투입하는데, 그중에서도 발전 가능성이 높은 분야에 비중을 크게 둔다. 게다가 원래 잡혀 있던 예산에서 플러스가 되어 추경예산이 편성된다면 더욱 그렇다.

수소자동차(이하 '수소차')는 우리나라 정부의 정책 사업이다. 자동차는 이제 필수품이 되었다. 물론 자동차는 대기오염의 주범인 만큼 그에 따른 대책도 요구된다. 수소차는 시대적 요구에 맞는 최첨단 기술의 집약체다. 또한 추경예산이 편성된 정책 사업이기도 하다.

사실 우리나라의 수소차 사업은 중국에 비해 늦은 편이다. 우리나라가 IT 강국이고 과학 기술에 있어 더욱 진보한 상태이지만 후발주자인 중국이 무섭게 따라오더니 어느새 앞서 나가기 시작했다. 중국 정부가 적극적으로 나서서 첨단 과학 기술 관련 사업을 추진하고 있기 때문이다. 특히 중국 정부가 눈여겨본 분야는 제4차 산업 기술 분야다. 중국의 엄청난 자본과 물량, 인력, 정부의 개입으로 제4차 산업 기술 분야의 연구 개발이 진행되면서 중국 시장은 커졌고, 점점 안정화되고 있다. 대량 물량 공세를 퍼붓는 상황이다 보니 우리나라가 중국을 따라가는 모양새가 되었다.

이렇게 되자 우리 정부가 급해졌다. 이 상황에서 돌파구를 찾아야 하는데, 이미 다양한 분야의 연구 개발이 많이 진행된 상황이라 녹록치 않았다. 무언가를 새롭게 시작하기에는 시기적으로 늦었다고 판단한 정부는 기업 인수를 생각했다. 이에 제4차 산업혁명 기술의 하나인 전기차 관련 기업을 인수하여 개발하려고 했으나 여의치 않았다. 대부분의 전기차 기업이 글로벌한 기업이고 재정 부담이 컸다. 게다가 전기차 시장은 이미 포화 상태였고, 동력이 전기인 것도 부담이었다. 아무리 산업이 발전해도 전기를 생산할 여건이 충족되지 않으면 무용지물인데다가 전 세계적으로 원자력 사용을 줄이고 있기에 전기차의 효용성은 경쟁력이 떨어졌다.

이에 정부에서 눈을 돌린 분야가 바로 수소차다. 수소차의 동력은 물이다. 물은 친환경적이며 다른 동력에 비해 자원이 풍부하다. 그러다 보니 많은 나라가 수소차로 돌아서고 있다. 미국을 비롯한 동남아에서는 수소차와 관련하여 몇 개년 개발이 진행될 정도로 크게 관심을 갖고 있다. 우리 정부도 엄청난 국가 보조금을 들여 수소차를 개발했다.

그런데 또 다른 문제가 생겼다. 수소차에 따른 인프라가 형성되지 않은 것이다. 선거 시즌이 되면 공약에 늘 수소차가 언급되지만 정작 국민들은 수소차에 대해 잘 모른다. 그러니 개발 사업과 연계된 인프라 구축이 되어 있을 리 만무하다. 어렵게 수소차를 구입했지만 충전할 곳을 찾지 못해 결국 차 운행을 포기한 사람들도 있다. 어느 지자체에서는 수소차 충전소가 폐쇄되어 천덕꾸러기 신세가 되기도 했다.

이런 상황에서 수소차 관련 주식 투자를 생각해보라니 의아할 것이다. 하지만 수소차는 제4차 산업혁명 기술의 집약체다. 부품이 별로 없는 전기차에 비해 수소차는 온갖 기술력의 집약체라 할 수 있다. 수소탱크가 핵심이지만 그 이외에 들어가는 부품의 가짓수와 정교함이 요구된다. 게다가 국가 보조금을 엄청나게 부은 만큼 정책적으로 이 사업을 그냥 두고 보고 있을 리가 없다.

전기차 VS 수소차 비교

	전기차(EV)	평가	수소차(FCEV)
친환경성	오염 물질 미배출	<	물만 배출, 미세먼지 정화 기능
주행 거리	350~400km	<	600km 이상
충전 시간	현대차 코나일렉트릭 급속 20~30분	<	3~5분
유지비	1km당 25원	>	1km당 73원
충전소 설치비	1억 원	>	30억 원
최대 출력	평균 200마력	>	평균 150마력
가격	4,650만 원(코나엘렉트릭)	>	6,890만 원(넥쏘)

현대차 넥쏘

출처: <서울신문> 2019년 11월 18일자

게다가 전 세계적인 수소차 수요 흐름에 따라 우리나라에서도 수소차에 대한 중요성 인식과 함께 인프라 구축을 기대해볼 수 있을 것이다. 수소차 관련 주식 시장은 이미 수소탱크를 제조하는 업체 중심으로 꽤 형성되어 있다. 이 정책 사업이 제대로 진행될 때 얻어질 연계 효과가 클 것이라 예상된다.

수소차에 대한 기대감 조성

문재인 대통령이 현대자동차 연구소를 방문하면서 수소차인 '넥쏘'를 타고 등장해 화제가 되었다. '문재인 수소차 넥쏘'가 실시간 검색어 순위에 오르기도 했다.

이날 현대자동차 남양연구소에서 열린 '미래차 산업 국가 비전 선포식'에 문재인 대통령이 참석해 수소차와 자율주행차 산업 육성에 정부의 역량을 집중하여 2030년까지 미래차 부문 경쟁력 1등 국가를 만들겠다고 발표했다. 이는 비메모리 반도체, 바이오와 함께 수소차를 3대 신산업으로 중점 육성하겠다는 의지이기도 하다. 넥쏘는 대통령 전용차로 도입되기도 했다.

수소차는 정부에서 정책적으로 미는 사업인 만큼 그에 따른 인프라 육성에도 발 빠르게 움직이는 듯하다. 그동안 수소차 개발과는 달리 차를 운행할 만한 인프라가 열악했던 터라 주목받지 못했던 점을 감안하여 국토교통부는 2019년에 수소 시범 도시 3곳을 선정해 수소를 냉난방과 전기, 교통 등 주요 도시 기능의 연료로 쓰는 이른바 수소 도시를 현실화시키겠다고 발표했다.

실제 이 발표가 난 뒤 전라북도와 충청북도, 강원도가 '강호축 수소 산업 클러스터' 구축에 나서기로 했다. 정부가 추진하는 수소 경제 활성화에 강호축 3개 도가 상호 협력하자고 뜻을 다졌다. 전라북도는 수소 생산을 담당하고, 강원도는 저장과 운송을 담당하고, 충청북도는 모빌리티를 담당해 연료전지 등을 포함한 밸류체인 전반이 연계해 시너지를 창출하여 수소 경제권 구축과 미래 성장 동력 발굴에 공동 협력하기로 한 것이다.

이에 따라 전라북도는 2020년까지 수소 충전기 8기를 구축하여 수소 인프라를 확충하고 고분자연료전지 신뢰성 평가센터를 구축해 기업 지원을 확대하는 등 에너지 소재 분야의 기술 개발에도 힘쓰고 있다. 또한 과거의 인프라로 인한 발전이 저해되었던 환경을 개선하기 위해 전국적으로 나서고 있다.

정부에서도 수소차와 관련한 예산을 편성하고 있다. 날로 심해지는 미세먼지와 대기오염에 대처하기 위해 미래의 탈것에 투자하는 것이다. 2019년, 수소차에 대한 예산은 1,000억 원이었다. 2022년에는 2조 5,000억 원에 달하는 자본이 유입될 예정이다. 또한 2022년까지 정규 노선에도 수소 버스를 1,000대가량 보급할 예정이다.

2030 미래차 사업 발전 주요 전략을 보면 오는 2024년까지 완전자율주행을 위한 통신, 도로, 교통 등 인프라를 모두 구축할 예정이다. 성공한다면 세계 최초 실현이다. 구체적인 내용을 보면 전국 주요 도로의 완전자율주행(레벨4) 상용화 시기도 2027년으로 앞당겨져 있다. 수소차, 전기차는 2030년까지 국내에서 팔리는 신차 10대 중 3대꼴로 확대하고, 수소차 충전소도 주요 도시 20분 거리에서 이용할 수 있도록 전국 660개 소로 확충한다.

이에 현대자동차는 미래차에 41조 원을 투자하기로 하는 등 각계의 행보가 활발해지고 있다. 정부에서 핵심 전장 부품의 국산화와 인력 양성, 규제 개선 및 세제를 전폭 지원하기로 약속했기 때문이다. 이렇듯 정부의 수소 산업 육성 정책이 발표됨으로 인해 수소차 관련 종목에 대한 관심이 형성되고 있다.

수소차 관련 투자 팁

우리나라 기업의 수소차 연구 개발력은 어느 정도일까? '자동차' 하면 단번에 떠오르는 현대지동차는 그간 수소차 사업에 집중했다.

제4차 산업혁명 시대의 미래 먹거리 사업으로 주목받는 수소차는 환경에 대한 관심이 높아지는 지금, 이 시대의 요구와도 맞아떨어지는 차세대 사업이다. 현대자동차는 이러한 시대적 요구에 따라 수소차를 개발하면서 머지않아 다가올 수소 경제라는 글로벌 에너지 변화의 핵심 축이 될 것이라 확신하기도 했다. 꾸준한 투자로 높은 수소차 경쟁력을 가지고 있기 때문이다.

현대자동차처럼 수소차 개발의 전반적인 과정을 총괄하는 기업이 있는가 하면 각 분야를 맡고 있는 기업도 존재한다. 앞서 전기차와 수소차를 비교해보았다. 비슷한 것처럼 보이지만 차이가 나는 것은 엔진이다. 수소차는 전기차에 비해 엔진이 훨씬 복잡하다. 그렇기 때문에 엔진이 완성되어지는 과정에 많은 기업의 기술력이 필요하다.

일단 수소차의 핵심 부품을 살펴보면 수소차의 앞단과 중간단, 뒷단에 탑재되어야 하는 부품이 있다. 앞단에는 산소가 공급되어야 하기 때문에 산소공급기가 필요하고, 중간단에는 수소와 산소가 화학반응을 일으켜 전기를 발생시켜 동력이 되어야 하기 때문에 연료전지 스택이 필요하다. 그리고 뒷단에는 수소를 저장할 탱크가 반드시 필요하다. 특히 공기 베어링은 수소차의 성능에 직접적인 영향을 미치기 때문에 본격적으로 탑재되고 있다. 따라서 이 기술력을 갖춘 기업을 눈여겨볼 필요가 있다.

조금 더 세분화하여 살펴보면, 수소차 관련 테마주는 수소 제조 장치 기술을 보유하고 있는 기업, 특히 이산화탄소를 활용해 전기와 수소를 생산하는 기술력이 있는 독보적 기업의 발전 가능성이 보인다. 또한 수소차의 동력인 수소연료전지의 핵심 부품인 수소 제어 모듈을 제조·공급하는 기업, 감속이나 열교환기, 공기 베어링 방식의 공기 압축기 등을 제조·개발하는 기업이 앞으로 유망하다.

수소차 공급이 국가적인 정책 사업인 만큼 그에 따른 인프라 조성에 관련 있는 기업도 주목해볼 만하다. 이를테면 수소차 충전소 시공 업체라든지 수소탱크 관련 업체 등 인프라 조성에 앞으로의 수요가 발생할 기업에 대한 투자가 이루어지면 좋을 듯하다.

최종훈의 추천 종목

수십 년 동안 정착된 자동차 산업의 생태계를 바꾸는 일이니 만큼 정부가 미래차의 어떤 부분에 투자를 기울이는지, 어떤 인프라 구축을 위해 예산을 쓰는지 지켜볼 필요가 있다. 우선 정부는 생태계 대전환 연착륙을 위해 2030년까지 부품 기업 중 전장 부품 기업 비중을 20%로 확대하겠다고 했다. 또한 핵심 소재 부품 자립도를 50%에서 80%로 높이고, 그에 필요한 설비 투자 유동성 등에 2조 원 이상을 공급하기로 했다. 핵심 기술 연구와 현장 인력도 2025년까지 양성하는 등 어쨌든 기술을 개발하고, 설비를 추가하고, 부품 자립을 위한 보조를 해주겠다는 정부의 의지에 따라 그와 관련한 일을 하고 있는 기업을 주목하면 투자 성공률을 높일 수 있다.

√ 추천 종목 ❶ 현대모비스(012330)

현대자동차그룹의 대표적인 종합 부품 업체로, 현대기아차의 수소차 생산에 가장 핵심적인 파트너이자 공급자다. 물론 현재 자동차 산업은 글로벌 출하가 다소 정체를 겪고 있다. 하지만 미래의 자동차 산업은 수소차, 전기차 및 자율주행차 등으로 진화와 가속화가 진행될 것이다. 이러한 친환경차의 증가는 현대모비스 전동화 부문의 고성장을 이루어낼 것이라 예상된다. 이를 기반으로 현대모비스 전동화 부문의 매출액은 고속 성장을 지속해 2020년에는 분기 평균 1조 원의 매출을 올릴 것으로 기대된다.

현대모비스는 자동차 부품 및 서비스 등 여러 부문에서 매출 기여도가 높다. 특히 최대 핵심 사업부는 전동 부문이라고 볼 수 있어 자동차 산업의 친환경과 자율주행 기술의 성장으로 장기적으로도 고성장세가 지속될 것이라 예상된다.

앞으로의 생산 라인도 탄탄하다. 가깝게는 펠리세이드/텔룰라이드 증설 효과와 2020년 레이더 센서 양산이 본격화될 전망이다. 또한 자율주행 기술에 대한 M&A, 오픈 이노베이션 투자 확대 등 성장 팩터가 많기 때문에 수소차에 대한 성장 이외에도 모멘텀이 지속될 것으로 전망한다.

√ 추천 종목 ❷ S&T모티브(064960)

S&T그룹 계열의 자동차 부품 제조 업체로, 섀시와 전장품 및 에

어백, 엔진 부품, 하이브리드용을 비롯한 각종 모터 등 자동차용 부품과 방위 산업 제품을 개발·생산하는 회사다. 한국GM, 현대모비스, MAGNA, 푸조시트로엥(PSA) 등에 부품을 납품한다. 특히 현대기아차에 납품되는 친환경차 모터 매출액은 꾸준히 증가세를 보이고 있다.

2020년에는 특히나 유럽에서 이산화탄소 배출가스 규제가 시행되는 등 환경 규제가 강화되는 추세가 이어질 것으로 보인다. 이에 따라 완성차 업체들의 친환경차 출시가 늘어날 수밖에 없는 상황이다. 그로 인해 주 고객인 현대기아차 및 GM그룹도 유럽과 중국에서 친환경차 출시를 늘릴 것이라 예상되고 있다. 2020년 관련 매출액은 40% 수준으로 증가할 것이라 예상된다. 회사 자체적으로는 부채 비율이 50% 수준의 안정된 재무 구조를 가지고 있으며, 마진이 좋은 모터와 방산 부문의 성장도 수익 성장에 도움이 될 것으로 기대된다.

제약 바이오
버블 걷히고 더블로 가나?

제약 바이오의 거품?

2019년, 주식 시장에서 가장 휘청거린 분야를 꼽는다면 제약 바이오 관련주다. 2018년부터 시작된 제약 바이오 주식의 추락은 그 속도가 너무 빨랐다. 관련 기업의 임상 실험 실패와 개발 중단, 기술 수출 파기 등이 그 이유다. 잇따른 악재가 겹친 데다 실체가 없는 상태에서 기대감 하나로 투자하다 보니 투기성이 짙었다.

제약 바이오 기업의 가치는 신약 후보 물질의 임상 데이터에 따라 좌우된다. 미래 가치를 반영하고 있는 제약 바이오주에 대한 투기성은 그 정도가 과하다. 외국의 경우, 제약 회사에서 개발 중인 신약이 임상 3상쯤 접어들 때 70~80%의 프리미엄이 붙는다. 우리나라는 그 시기가 되면 이미 두세 배로 주가가 뛴다. 상황이 이렇다 보니 신약 개발에 성공했을 때의 이익은 상당하다.

이미 임상 진행을 통해 시장성을 갖춘 데다 독점으로 신약을 개발했을 때 얻어지는 프리미엄은 투기성을 조장할 만하다. 문제는 국내 제약 바이오 기업의 가치를 아직 증명할 기회가 없다는 사실이다.

국내 시장에서 판매 가능한 신약은 총 30개이며, 그중 연간 100억 원 이상의 매출을 기록하는 신약은 5개 정도다. 미국 FDA(식품의약국)를 통과한 국내 의약품은 15개에 불과하다. 독자적으로 개발한 신약은 6개뿐이다. 게다가 임상 실험 결과도 만족할 만하지 않다.

한 매체에서 조사해 발표한 자료를 살펴보면, 국내 제약 바이오 기업 중 연구 개발 비용이 가장 많은 곳은 한미약품과 유한양행이다. 매출액 대비 연구 개발 비중이 가장 많은 기업은 동아ST, 헬리스미스, 제넥신이다. 이 5개 기업이 63개 신약 후보 물질 임상 실험에서 최종적으로 품목 허가를 받은 건 4건이다. 개발이 중단된 신약은 16개, 신약 후보 물질에서 제외된 것은 9개다. 34개 신약 후보 물질은 아직도 임상 실험을 진행하고 있다. 언뜻 봐도 그리 좋은 수치는 아니다.

신약을 개발하는 건 인내가 필요한 일이다. 시간이 오래 걸리고, 실험도 통과해야 하며, 실패 확률도 높다. 외부에 노출되는 호재로만 신약 개발을 둘러싼 여러 정보를 파악하긴 어렵다. 그만큼 임상 결과와 제약 바이오 기업의 미래 가치를 예상하기는 힘들다. 이런 상황에서 2018년에 이어 2019년 바이오주의 민낯을 경험하게 된 주식 시장은 크게 휘청거리며 추락했다. 일각에서는 낄 대로 끼어 있던 거품이 빠지고 회생하기 힘들 거라는 예상도 했다.

그러나 제약 바이오주는 여전히 가능성을 지닌 섹터다. 누구나 건강하게 오래 살고 싶은 욕구를 가지고 있다. 그만큼 삶에 대한 욕구를 반영시켜줄 제약 바이오주는 매력적이다. 또한 필요하다. 이러한 생각을 뒷받침하듯 2019년 10월 이후 제약 바이오주가 다시 움직이기 시작했다. 연매출 1조 원 안팎의 제약 바이오 선두 기업이 과감한 연구 개발 투자로 성과를 내고, 수출 성장세까지 견인한 것이다. 그러면서 안개 낀 바이오 섹터가 활기를 찾기 시작했다. 유한양행을 비롯해 녹십자, 한미약품 등 제약 기업들의 실적이 좋았다. 바이오 투톱으로 불리는 셀트리온과 삼성바이오로직스가 재도약하며 성장세로 돌아섰다.

이들의 실적이 좋아졌다는 것은 수출에 청신호가 켜졌다는 의미다. 한국보건산업진흥원에서 발표한 2019년 3분기 의약품 수출 집계 결과, 실제 실적은 전년 동기 대비 10%가량 늘어난 37억 달러(4조 3,000억 원)였다. 그중 미국행 수출이 44.6% 늘어난 4억 2,000만 달러였다. 경제 전쟁 중인 일본에도 22.7% 증가한 4억 1,000만 달러어치를 수출했다. 중국에도 수출 29.8% 증가세(3억 7,000만 달러)와 유력 제약의 핵심 지역인 스위스(+305.1%), 벨기에(+151.6%) 수출의 급등세는 협력적 미래를 개척한다는 점에서 매우 고무적인 것으로 평가된다.

업계 분위기가 상승세로 돌아서면서 2020년에는 제약 바이오주의 성장세를 점쳐볼 수 있다. 안정된 비즈니스 환경과 투자, 실적으로 이어지는 구조가 정착되었다고 보이기 때문에 바이오 분야 종목들을 살펴볼 필요가 있다.

소문을 주의하라

'발 없는 말이 천리 간다'라는 말이 있다. 말에는 발이 달려 있지 않지만 그만큼 가속력 있게 사람의 마음을 흔든다. 주식 시장에는 각종 소식이 끊임없이 떠돌아다닌다. 일명 '카더라 통신'이 유행할 때도 있지만 제법 공신력 있는 소식도 존재한다. 따라서 취사선택을 잘해야 한다. 제약 바이오 관련주 투자에 대한 무성한 소식으로 우리는 이미 몸살을 앓았다. 기업 가치가 롤러코스터를 타는 바이오 기업들의 신약 관련 소식이 퍼지면서 주가가 올라가기도 하고 고꾸라지기도 했다.

2018년 코스닥 희망 종목으로 떠오른 에이치엘비의 경우를 살펴보자. 한국거래소에 따르면 에이치엘비는 2018년 10월, 국내 증권 시장의 주인공이었다. 거래 대금 1위를 지켜오던 삼성전자가 2위로 밀려날 정도였다. 한 달 동안 11조 49억 원이 거래되었다. 왜일까?

사실 에이치엘비는 불과 얼마 전까지만 해도 실패한 제약 회사였다. 항암 신약 물질인 리보세라닙에 대한 기대감으로 인해 주식 시장에서 떠오르는 종목이었는데, 임상 3상 중간 결과가 목표치에 도달하지 못하고 대표이사 교체가 반복되면서 주가가 2만 원대까지 떨어졌다. 그런데 두 달 뒤에 '글로벌 임상 3상에서 유의미한 효능이 입증되었다'라는 소식이 퍼지기 시작하면서 상황이 역전되었다. 자금이 시장에 몰리기 시작하면서 코스닥 시총 1위에 올라섰다. 이러한 소식은 다른 바이오 기업에도 불씨가 옮겨붙어 2019년 11월 기준, 코스닥 상위 10개 중 6개에 바이오 기업이 이름을 올렸다.

그런데 바이오 관련주를 롤러코스터에 태운 소식의 진위 여부가 궁금하다. 주식 시장을 뒤흔든 그 소식이 과연 신뢰성이 있었을까? 에이치엘비의 소식의 근원을 살펴보아야 한다. 리보세라닙 소식은 에이치엘비의 자회사인 엘리바가 유럽종양학회에서 약물 임상 결과를 발표하면서 공개되었다. 회사의 자체 분석 결과를 내놓은 것이

임상 진행 현황

적응 중	단복/병용	임상 1상	임상 2상	임상 3상	NDA
위험 3차	리보세라닙 단독			완료(희귀 의약품)	
고형암	옵디보 병용	진행 중			
고형암	키트루다 병용		진행 중		
위암 2차	파클리탁셀 병용		진행 중		
간암 1차	캄렐리주맙 병용			진행 중	
성양낭정암종 1차/2차	리보세라닙 단독		진행 중	NDA(희귀 의약품)	
대장암 3차	론서트 병용		진행 중		

출처: 에이치엘비

다. 이 발표에는 자신의 기업에서 임상에 실패했던 것을 뒤집는 내용이 있었다.

회사 측에서는 별도로 미국 FDA 신약 허가 신청을 위해 사전 미팅도 했다며 신뢰성을 더했다. 이 역시 회사의 자체적 발표였다. 일방적인 회사 홍보에 가까운 소식이 주식 시장을 뒤집어놓은 것이다. 이와 같은 상황은 에이치엘비만 해당되지 않는다. 제약 바이오 주식 시장을 핫하게 만들었던 신라젠과 헬릭스미스도 마찬가지였다. 신라젠은 개발 중인 항암 바이러스 치료제인 펙사백으로 주식 시장을 뜨겁게 달구었다. 하지만 미국 데이터모니터링 위원회로부터 임상 중단 권고를 받으면서 사실상 개발에 실패했다. 그 후 임상 시험 중단 공시 발표를 앞두고 신라젠 보통주가 대량 매각되면서 내부 관계자들이 의심을 받기도 했다. 그러나 그보다 중요한 것은 신라젠이 그간 내놓은 소식이 사실상 회사에서 자체적으로 발표한 소식에 불과했다는 것이다.

헬릭스미스 역시 2019년 9월 말, 임상 데이터 오염이라는 치명적 오류 때문에 임상 3상 결과 도출에 실패했다. 최대 주주 역시 미국 임상에서 부정적인 결과가 나오기 직전에 장내 매도한 것이 드러나면서 그간 헬릭스미스의 주식을 이끌어갔던 소식에 대해 다시 생각하게 되었다.

이렇듯 제약 바이오주는 롤러코스터와 같다. 오름과 내림의 폭이 소식에 의존하고 있다는 점을 유의할 필요가 있다. 소식의 근원이

어디인지, 그 소식의 진위 여부를 살펴보고 확인하는 마음가짐이 필요하다. 이것이 심각한 과열은 아닌지, 실체가 있는 소식인지 좀 더 신중하게 들여다보아야 한다.

제약 바이오, 개별주로 접근하라

제약 바이오 종목에 대한 평가는 주가를 보기보다 기업이 개발하고 있는 신약, 즉 연구 개발에 집중해야 한다. 같은 섹션이라 해서 기업 가치가 평가절상되지도, 평가절하되지도 않는다. 나름 선전하고, 연구 개발에 노력 중인 기업을 찾아내야 한다. 그리고 기업이 거쳐 온 노력의 과정이 의미 있다고 판단되면 투자해야 한다.

예를 들어 2019년, 셀트리온은 자가 면역 질환 및 류마티스관절염을 간편하게 치료할 수 있는 피하주사제형 램시마SC 신약이, 한미약품은 고혈압 치료제인 아모잘탄 시리즈가 분기별 성장을 이끌었다. 유한양행은 2년간 항암 신약인 '레이저티닙' 등 3건의 신약 기술 수출로 수익을 거두어들였다. 녹십자의 주력 사업인 백신, 동아에스티의 당뇨병 치료제 '슈가논(DA-1229)', 종근당의 뇌 기능 개선제 '글리아티린'과 자체 개발한 당뇨병 신약 '듀비에', 위 식도 역류 질환 치료제 '케이캡'이 돌풍을 일으키며 주식 시장을 이끌었다. 신약이 이끌어낸 의미 있는 결과라 할 수 있다. 실체가 없는 소문이 아닌, 실체가 있는 결과이기에 의미가 있다. 여기서 투자 팁을 얻을 수 있다.

제약 바이오 관련 투자에 있어 중요하게 생각할 부분은 연구 개발력이다. 국내 내수시장을 벗어나 수출을 확대하려는 노력, 임상적 데이터를 기반한 영업 전략을 갖추는 등의 구조는 물론, 연구 개발에 대한 신뢰성과 본업 펀더멘탈의 안정화, 임상에 대한 신뢰성 등을 꼼꼼하게 살펴보고 여력에 맞게 신약 개발에 도전하는지 확인해 보아야 한다.

지금까지 우리나라의 제약 바이오주는 과열 양상도, 거품 논란도 있었다. 그로 인해 호되게 시행착오를 겪기도 했다. 그러나 제약 바이오는 21세기를 살아가는 세계 인류를 위해 꼭 필요한 분야다. 웰빙을 추구하는 현세대에 없어서는 안 될 분야다. 이런 때일수록 신약의 가치에 더 집중하고 소문이 아닌 정확한 소식을 찾아보려는 노력이 필요하다.

2018년 10월, 금융위원회 자본시장조사단은 금융감독원, 한국거래소와 공동으로 '바이오·제약주 관련 투자자 유의사항'이라는 참고자료를 발표했다. 금융 당국이 바이오·제약주와 관련해 투자자들을 대상으로 주의에 나선 건 처음이었다. 그 보고서를 통해 당부한 내용을 상기해두는 것도 좋다.

'바이오·제약주는 주가가 급변할 수 있기 때문에 묻지마식 투자는 큰 손실을 유발할 수 있다. 개발 신약 임상 실험이 대부분 해외에서 이루어지고 많은 시간이 소요되는 만큼, 정보 비대칭성도 커 과장·허위 풍문에 노출될 가능성두 높아 투자를 할 때 주의가 필요하다.'

최종훈의 추천 종목

2020년 제약 바이오주는 반등 가능성을 지닌 분야다. 이미 관련 기업에서 임상에 들어간 신약이 있고, 업계 분위기도 많이 바뀌었다. 어수선하던 제약 바이오 업계의 분위기가 바뀐 이유 중 하나는 셀트리온과 삼성바이오로직스가 시총 4강에 재안착했기 때문이다. 또한 동국제약과 휴온스, 동화약품, JW, 일동제약 등이 연구 개발의 지속적 투자를 통해 블루오션을 개척하는 데 적극적으로 나서고 있다. 이미 유한양행과 녹십자, 한미약품, 종근당, 동아에스티 등 코스피 선두주자들이 매출의 안정성과 영업이익을 달성해 본을 보이고 있다. 이런 점들이 이 섹션의 성장을 예감하게 만드는 요인이다.

또한 2020년에 임상 3상을 준비하는 신약 개발 기업에 주목할

2020년 국내 경제 전망

	기업	신약 개발	진행 상황
1	SK바이오팜	솔리암페톨(기면증)	1Q19 (3월) FDA 허가
2	대웅제약	나보타(미간 주름)	1Q19 (2월) FDA 허가
3	삼성바이오로직스	에티코보(자가 면역 질환)	2Q19 (4월) FDA 허가
4	에이치엘비	리보세라닙(위암 3차)	Topline결과: OS 충족치 미달
5	삼성바이오로직스	하드리마(자가 면역 질환)	2Q19 (7월) FDA 허가
6	헬릭스미스	VM202(당뇨병성신경병증)	3Q19 3-1 Topline 결과 발표(학회)
7	메지온	유데나필(폰탄수술 환자)	Topline 결과 발표(학회)
8	한미약품	롤론티스(호중구감소증)	2H19 BLA 신청 기대
9	셀트리온	램시마SC(자가 면역 질환)	4Q19 유럽 허가 기대

출처: 한국자산투자컨설팅

필요가 있다. 다음은 임상 3상을 준비하는 기업의 신약들이다. 기대되는 항목도 있고, 충족치에 미달된 곳도 보이지만 3상까지 진행되었다는 데에 의미를 둘 수 있다.

√ 추천 종목 ❶ 오스코텍(039200)

1998년에 설립된 뼈 전문 연구 바이오 기업이다. 유한양행에 폐암 치료제 레이저티닙을 기술 이전하는 등 인정받고 있는 신약 개발사다. 2020년에도 글로벌 임상 2상이 개시될 수 있을 것으로 기대되고 있다. 그뿐만이 아니라 SYK 저해제의 경우, 자가 면역 질환인 류마티스관절염과 면역성혈소판감소증을 대상으로 글로벌 임상 2상이 진행 중이다. FLT-3 저해제는 급성골수성백혈병 치료제로 임상 1상을 진행하고 있는 등 추가적인 모멘텀이 기대되는 제약 바이오 종목이다.

√ 추천 종목 ❷ 지트리비앤티(115450)

2014년에 미국의 바이오 회사 리젠알엑스와 신약 공동 개발을 체결하면서 바이오 사업에 진출한 기업이다. 대표적인 신약 후보 물질인 안구건조증 치료제 'RGN-259'를 통해 차세대 치료제로의 활용 가능성 등 기대적 요소를 많이 안고 있다. 동종 업계인 한올바이오파마에 비해 저평가받고 있지만 2020년 말 안구건조증 치료제의 FDA 허가를 목표로 사업을 진행하고 있어 성장 가능성이 크다. 그

밖에도 수포성표리박리증(EB)은 임상 3상에, 교모세포종(GBM)은 임상 2상에 진입할 것이 예상되면서 신약 모멘텀의 기대가 크다.

반려동물 산업이 뜬다

반려동물, 가족이 되다

반려동물도 가족이 될 수 있을까? 반려동물에 대한 인식이 가장 앞선 미국의 경우, 위스콘 주를 마지막으로 50개 주 모두 반려동물 신탁법을 법제화하였다. 또한 주택 구입자 약 33%는 반려견과 함께 살 수 있는 공간을 고려해 주택을 구매한다고 설문에 응답했다. 백악관 주인들 역시 대대로 반려동물을 탑독이라 부르며 반려동물에 대한 인식이 깊다. 그렇다면 우리나라의 경우는 어떨까?

다음 표는 문화체육관광부에서 조사한 '2018년 반려동물에 대한 인식 및 양육 현황 조사 보고서' 내용 중 일부로, '귀하의 생활에 있어 기쁨을 주는 것은 다음 중 무엇입니까?'라는 질문의 답이다. 결과가 놀랍다.

Q. 귀하의 생활에 있어 가장 기쁨을 주는 것은 다음 중 무엇입니까?
  그 다음으로 기쁨을 주는 것은 무엇입니까? 순서대로 두 가지 더 선택해 주십시오.

가장 기쁨을 주는 것

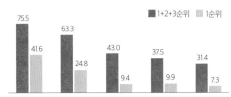

*1+2+3순위 응답 기준, 상위 5개 항목
(중복 응답, n=1,000명, %)

구분		사례 수 (명)	비율(%)				
			반려동물	가족	여행	돈	취미생활
		1,000	75.6	63.3	43.0	37.5	31.4
성별	남성	439	75.9	61.3	43.3	36.2	38.3
	여성	561	75.4	64.9	42.8	38.5	26.0
연령별	20대	248	81.0	53.2	40.7	40.3	27.4
	30대	238	75.2	59.2	41.6	39.5	30.7
	40대	254	77.6	67.7	39.4	30.3	37.0
	50대	260	68.8	72.3	50.0	40.0	30.4
양육 반려동물	개만	711	73.3	63.7	42.1	40.4	31.2
	고양이만	182	79.1	61.5	45.6	31.9	32.4
	개와 고양이 둘 다	107	85.0	63.6	44.9	28.0	30.8

대부분의 연령대에서 '반려동물'이라는 응답이 나왔다. 이는 75.6%로, 가족 63.3%보다 높은 수치다. 양육인에게 반려동물은 가

족 그 이상의 의미가 있다는 뜻이다. 아니, 이제는 반려동물을 가족의 일원으로 받아들이는 정서가 조성된 것이다.

이러한 정서는 주변에서 쉽게 접할 수 있다. 반려동물을 콘셉트로 한 방송 프로그램도 급증했다. TV를 켜면 〈세상에 나쁜 개는 없다〉, 〈고양이를 부탁해〉, 〈TV동물농장〉 등 다양한 반려동물 프로그램을 볼 수 있다. 사람과 동물이 교감하는 모습, 동물을 인격적으로 대하는 모습은 물론, 유기나 학대를 당한 동물들을 소개해 동물들에 대한 사회적 문제 인식, 대안을 제시하며 사회적 인식 전환을 이끌어내고 있다.

실제로 국제언론인연합회 오피니언에 의하면, 반려동물 양육 가구의 85.6%는 "반려동물은 가족의 일원이다"라고 이야기하고 있다. 특히 60대 이상에서 반려동물을 가족으로 생각하는 경향이 89.1%로 가장 높게 나타났다. 1인 가구의 증가와 고령화로 인해 반려동물을 키우는 비중이 인구의 18%를 차지하고 있으며, 반려동물 사육 인구 1,000만 시대라는 기사를 본 적이 있다. 급격한 산업 발달로 인한 경쟁, 사회적 고립, 사회적 고독감을 달래기 위해 반려동물과 사랑을 주고받으려는 심리의 반영일 것이다. 개인주의 성향이 강한 사회 안에서 나를 변함없이 반겨주는 반려동물에게 애정을 갖게 되는 건 어찌 보면 당연한 일이다.

상황이 이러하다 보니 당연히 산업군에도 변화가 생기고 있다. 사람이 모여들면 산업이 발전한다. 산업연구원의 '2017 국내 펫고

노미 시장의 현황과 시사점 보고서'에 따르면 반려동물 산업 규모는 2020년을 기준으로 최대 5조 8,000억 원까지 성장할 것이라고 보고 있다.

우리나라의 반려동물 산업은 아직 시작 단계다. 그러나 미국, 중국, 인도, 일본 등의 사례를 통해 우리나라 반려동물 산업의 성장성을 예상할 수 있다. KOTRA의 김영석 중국 선전 무역관에 의하면 2012년부터 2016년까지 반려동물 시장의 성장률이 최저 25%에서 최고 58%에 달할 정도로 무서운 기세로 성장했다고 한다. 2020년에는 그 성장세가 더욱 커지지 않을까 생각한다.

대기업도 관심 갖는 반려동물 산업

전 세계적으로 경제 흐름이 둔화된 가운데 소비 시장도 원활하지 못하다. 이런 상황일수록 마케팅이 중요하다. 국내 경기가 불황에서 벗어나지 못한 상황에서도 기업은 마케팅 예산을 확대하고 있다.

지금 주목받고 있는 반려동물 산업의 마케팅은 어떨까? 그동안은 마케팅을 하지 않았다. 왜일까? 대부분 마케팅을 할 정도로 규모가 크지 않은 소규모 기업이기 때문이다. 하지만 점점 달라지고 있다. 대기업이 반려동물 산업을 바라보는 시선을 바꾸었다. 그들은 반려동물 산업을 전략적 사업으로 바라보기 시작했다.

반려동물 산업은 어떤 것을 포함하고 있을까? 크게 용품 시장과 사료 시장, 의료 시장, 사후 서비스 시장으로 나뉜다. 대기업은 주로 어떤 시장에 진출하고 있는지 살펴보면 주식 투자에 도움이 될 것이다.

애경은 반려동물 산업에 진출한 선두주자다. 생활·뷰티 기업인 애경은 펫 케어 브랜드인 '휘슬'을 출시했다. 이어 LG생활건강은 애완용품 브랜드 '오스시리우스'를 선보인 뒤 펫 푸드 브랜드인 '시리우스 윌'을 론칭하는 등 활발한 행보를 이어가고 있다. 이마트는 아예 반려동물 전문 매장을 오픈해 '몰리스 펫'이라는 서비스를 확장했으며 애견 용품, 호텔, 분양, 미용에도 손을 뻗었다. 이마트와 경쟁 업체인 롯데마트도 30개 점포에 '펫가든'을 오픈해 반려동물 시장을 발 빠르게 점유해가고 있다. 이런 상황만 보더라도 대기업의 반려동물 산업에 대한 관심이 커지고 있음을 알 수 있다. 개인 투자자는 이러한 기업의 투자를 모방하면 된다.

자유경제시장에서는 누가 빨리 시장을 점유하느냐가 핵심이다. 시장을 점유하려면 가격경쟁력, 즉 자금력 동원이 따라주어야 한다. 노브랜드가 브랜드가 될 수 있었던 것은 가격경쟁력이 있었기 때문이다. 그러나 그 가격경쟁력은 모기업의 자금력이 있었기에 가능한 일이다. 소규모 업체가 대기업과의 전략 싸움에서 질 수밖에 없는 이유가 바로 그것이다. 자금력을 가진 기업이 점유율을 갖게 되고, 상품의 질과 가격경쟁력을 갖춘 기업이 시장을 독점하게 된다.

투자 이야기를 하면서 왜 점유율 이야기를 하는지 궁금할 것이다. 반려동물 시장에도 이러한 자유경제시장의 속성이 그대로 반영되기 때문이다. 반려동물 시장은 지금까지는 대기업의 관심 밖에 있었던 만큼 노다지, 황금 시장이다.

그만큼 시장 경쟁이 치열할 것이다. 앞서 말했듯 점유율 확보가 관건이다. 이 역시 대기업이 점유할 수밖에 없는 산업 구조가 되어 있다. 그러므로 투자를 할 때 이 부분에 집중하고 관심 있게 바라보아야 한다. 개인이 투자할 곳은 실적이 나오는 기업이어야 하기 때문이다.

반려동물 보험시장의 성장

그렇다면 우리는 어떤 기업에 투자해야 할까? 주가가 상승하는 이유는 다양하다. 그중 가장 핵심 요소는 실적과 기대감이다. 어느 종목, 어느 기업을 선택할 때도 그 회사에 대한 기대감이 필요하다. 대부분의 주가는 실적보다 기대감으로 움직인다.

반려동물 시장에 대한 기대감도 당연히 크다. 아무것도 없는 황무지에 도로를 만들고, 건물을 올리고, 그 초석을 만들어낼 수 있는 게 바로 반려동물 시장이다. 예상컨대, 먼저 건물을 올리는 기업은 그 기대감이 작용해 상승세를 탈 것이다. 쉽게 말해, 신규 사업 공시라 할 수 있다. 주가를 견인하는 큰 역할을 하는 만큼 투자처를 찾을 때 참고해야 한다.

다양한 반려동물 산업 중에서도 가장 각광받는 분야는 동물병원 및 사후 서비스로 예상된다. 보통 반려동물과 생활하는 기간이 평균 10년인데, 그 이상을 넘어가는 경우가 많다. 반려동물의 고령화로 질병 및 치료 서비스의 종류가 확대되고 있다. 특히 7세 이상 노령 동물의 경우 당뇨와 고혈압, 관절 질환, 만성 및 퇴행성 질환이 증가하고 있다. 최근에는 반려동물 관련 보험까지 출시되어 대대적으로 마케팅을 하고 있다.

반려동물 보험 상품이 나오게 된 배경을 살펴보자. 보험사의 경우, 하나의 상품을 출시할 때 그 상품으로 인해 큰 손실이 발생할 수도 있다. 따라서 상품 하나를 론칭하는 데 상당한 시간이 걸린다. 상품개발팀을 따로 두고 리스크를 최소화하면서 이익이 발생하는 구조가 나와야 한다. 이때 최우선적으로 고려하는 것이 수요다.

보통 보험사가 보장하는 내용은 실손에 대한 부분과 생명에 대한 부분이다. 다쳤을 때 비용을 대신 보상해주는 것과, 생명과 관련된 부분에 대한 문제가 발생했을 때 진단비 또는 사망금을 주는 것, 크게 두 가지다.

보험사가 반려동물 산업에 진출한 이유도 여기 있다. 가족과도 같은 반려동물이 다치거나 생명에 위험을 안기는 병에 걸렸을 때 그에 대한 비용을 보장하는 수요가 있기 때문이다. 이를 증명하는 것이 전국적으로 확대된 동물병원의 수와 치료 범위의 확대다.

좀 더 구체적으로 동물병원 확대를 살펴보자. 통계청의 자료에 의하면 최근 5년간 동물병원 수가 연평균 4.4%씩 증가했다. 실제로 인구 밀집 지역에는 동물병원이 많다. 그만큼 반려동물을 키우는 사람이 많아졌다. 또한 예전에는 반려동물에게 질병이 생기면 그냥 두는 경우가 많았지만, 지금은 한 가족으로, 하나의 인격체로 바라보기 때문에 반려동물의 질병을 진단, 치료하는 서비스 분야가 점차 다양해지고 있다. 예전에는 예방접종, 중성화 수술, 감염과 같은 간단한 질병 치료에 국한되어 있었지만 현재는 심장질환, 종양 제거, 외과수술, 재활클리닉까지 고도의 기술과 고가의 비용을 요하는 분야까지 다양해졌다.

반려동물을 가족으로 인식하는 중요도가 커질수록 이 부분은 더욱 확대될 것이다. 가족이 죽음의 문턱에 있거나 질병에 걸렸는데 비용이 많이 든다고 해서 치료나 수술을 중단하지 않을 것이기 때문이다.

유기견 문제가 심각한 사회 문제로 떠오르긴 했지만 한편에서는 반려동물을 가족처럼 소중하게 생각하는 사람들이 늘어나고 있다. 따라서 그에 대한 관리 비용과 치료 서비스에 대한 지출이 늘어날 것이다.

최종훈의 추천 종목

앞서 반려동물 산업에 대한 분야는 용품 시장과 사료 시장, 의료 시장, 사후 서비스 시장이 있다고 언급했다. 이미 시장에 진입한 기업보다는 앞으로 반려동물 시장에 진출할 기업에 관심을 두는 것이 좋다. 또한 단순히 반려동물 시장만 바라볼 것이 아니라 여러 가지 재료와 이슈가 겹치는 기업을 찾는 것이 중요하다. 정리하면 반려동물 관련 산업에 투자할 때 고려해야 할 것은 첫째, 신규 사업에 진출할 기업 선정, 둘째, 다양한 재료와 이슈가 겹치는 기업 선정이다. 이러한 조건을 갖춘 관련 종목으로는 신규로 이 사업에 진출하는 위닉스를 비롯해 다이슨, 동원F&B, 하림, 빙그레, 풀무원, 사조산업, 씨티씨바이오 등이 있다. 콜마비앤에이치도 사료 시장에 진출 계획을 세우고 있으니 관심을 가져볼 만하다.

√ 추천 종목 ❶ 위닉스(044340)

예의 주시해야 할 기업은 위닉스다. 위닉스는 신규로 반려동물 산업에 진출하는 기업이면서 두 번째 조건인 다른 이슈도 갖추었다. 위닉스는 미세먼지 관련주로도 분류되어 있기 때문에 상승 여건을 충분히 갖추었다. 반려동물 전용 공기청정기를 개발 · 출시하는 등 시장을 주도할 가능성이 크다.

√ 추천 종목 ❷ 다이슨

'다이슨' 하면 청소기 업체라고 생각하는 사람이 많을 것이다. 맞다. 그런데 일반 소비자만이 다이슨 청소기가 필요한 것이 아니다. 반려동물의 털 빠짐이 심각한 고민거리인 사람들도 다이슨 청소기가 필요하다. 다이슨은 이에 대한 수요를 예측해 동물 털에 특화된 진공청소기를 출시하는 등 반려동물 산업 분야 진출을 본격화하고 있다.

√ 추천 종목 ❸ 레이언스(228850)

반려동물과 특수동물용 엑스레이 시스템인 마이벳 출시 이후 저가 경신 중인 업체다. 마이벳은 자회사인 우리엔을 통해 공급된다. 2019년 11월에 열린 유럽 최대 동물의료 전시회 '런던벳 쇼'에서 동물병원 전용 CT를 선보였다. 일선 동물병원에서는 고가의 인체용 CT를 사용하기 때문에 향후 제품 수요 확대가 기대된다. 또한 2020년 초부터 북미, 유럽, 한국 등에 제품을 순차적으로 공급할 계획이 있기 때문에 반등 가능성이 농후하다. 레이언스는 2015년부터 매출액이 매년 상승하면서 순이익이 동반 상승한 케이스다. 매우 안정적인 재무 구조로, 매출액 대비 시가총액이 저평가된 우량주로 보여진다.

스마트
헬스케어

똑똑한 헬스케어 세상이 열리다

지금은 5G의 초연결성을 지닌 가까운 미래다. 한 사람에게 심장마비가 발생했다. 촌각을 다투는 위급한 상황이지만 다행히 이 사람에게는 5G 이동통신 서비스로 연결된 의료사물인터넷 센서가 부착되어 있다. 심장박동이 멈추자 곧바로 센서를 통해 인근 병원으로 조난 신고가 발송되고, 그와 동시에 환자의 현재 건강 상태 데이터도 발송된다. 그 병원은 그동안 환자의 건강 관리를 지속적으로 해왔다. 5G의 특징 중 하나는 강력한 보안이다. 따라서 환자의 데이터는 오로지 개인이 허락한 병원에만 진송된다. 심장이 멈춘 위급한 상황이므로 환자가 병원으로 이송될 수 있도록 119 구급대가 출동한다. 바로 출동할 수 있는 시스템이 마련된 덕분에 환자는 골든타임 내에 병원에 도착해 바로 치료를 받을 수 있다. 여기서 잠깐, 만약 환자의 상태를 계속해서 봐오던 주치의가 병원에 없다면 어떻게 될까? 초연결성으로 이어진 덕분에 주치의는 병원이 아닌 장소에서도 빠르게 환자의 데이터를 확인하고 처방을 내릴 수 있다.

꿈같은 이야기가 아니다. 가까운 미래에 이루어질 헬스케어 세상의 모습이다. 우리나라의 정보통신 기술과 인공지능 기술은 발전을 거듭하고 있다. 전 세계적으로도 정보통신 기술을 의료 분야에 결합해 이용자에게 보다 편리하고 다양한 의료 서비스를 제공하고 있다.

특히나 고령화 시대에 접어들면서 양질의 헬스케어 서비스에 대한 관심이 증대되고 있다. 사람들이 보다 질 좋은 삶을 추구하기 때문이다. 제4차 산업혁명 시대의 정보통신 기술 기반 스마트 헬스케어 산업은 의료 데이터의 접근 및 확보의 방식이 변화되고, 의료 IT 기기 애플리케이션을 사용하는 환자 및 일반인의 질환이나 건강, 식습관 관리 등이 서비스로 발전 중이다.

스마트 헬스케어 세상은 각종 첨단 기기와 초연결성을 지향한다. 사물인터넷을 이용해 사람의 건강 상태를 체크하고 예방하기 때문에 건강 모니터링 기기와 임상용 웨어러블 기기, 원격 센서 등의 헬스케어 기기들이 지속적으로 개발되어 선보여지고 있다.

헬스케어 시장의 현재

놀라지 마라. 2014년 전 세계의 스마트 헬스케어 시장 규모는 210억 달러였다. 그런데 2020년 스마트 헬스케어 시장 규모는 2,015억 달러로 예상한다. 6년 사이에 10배가 증가한 셈이다. 산업 기술이 발전할수록 건강을 추구하는 삶에 대한 관심은 비례한다.

스마트 헬스케어는 데이터를 기반으로 한 건강 관리로 정의할 수 있다. 이미 2015년 세계 경제포럼에서도 이 시장의 빠른 성장을 전망하며 10년 후인 2025년까지 제4차 산업혁명의 티핑 포인트가 될 주요 기술들을 리스트업했다. 약 800명의 정보통신 기술 분야 경영진과 전문가에게 조사한 결과, 헬스케어 관련 영역이 높은 응답을 받았다. 예상대로 스마트한 헬스케어가 이루어지고 있다.

현재 우리나라의 헬스케어 분야는 꾸준히 성장하고 있다. 의료기기 분야 시장 동향을 살펴보면 스마트 헬스케어 의료 기기 시장이 2020년, 14조 원에 이를 것으로 전망하고 있다. 관련 주요 기업은 하드웨어, 소프트웨어, 서비스 기업으로 분류하며, 관련된 국내 기업의 수는 매년 증가 추세다(2010년부터 2015년까지 연평균 5.8% 증가세).

정부도 적극 나서고 있다. 2016년부터 현재까지 정부에서 헬스케어 산업에 관심을 두고 펼쳐온 정책을 살펴보자. 2016년, 9대 국가 전략 프로젝트로 삶의 질 분야에서 정밀 의료를 선정한 뒤 헬스케어 서비스의 초안을 마련했다. 맞춤형 처방과 질환 예측, 예방을 통해 국민 건강을 승진하겠다는 포부와 함께 2022년까지 세계정밀 의료시장 5% 점유를 목표로 삼고 추진했다. 그와 함께 미래보건의료 정책 로드맵을 짜고 클라우드 컴퓨팅 등 인공지능과 의료용 빅데이터를 적용해 개발하는 의료 기기에 대한 안전 관리 방안을 마련했다. 이러한 정책은 2019년에 데이터 AI 경제 활성화 계획으로 확장되어 데이터와 인공지능의 육성 전략 및 융합 촉진 5개년 계획을 세워 헬스케어 분야를 디테일하게 발전시켜 나가는 중이다.

최근 정부는 5G 5대 핵심 서비스 중 하나로 디지털 헬스케어(스마트 헬스케어)를 지정해 육성 정책을 펼치고 있다. 특히 앞서 미래의 스토리로 소개한 5G 이동통신 서비스를 병원에 도입하는 시도를 이어가고 있다. 인공지능 기반 응급 의료 시스템이 그것이다. 이를 위해 2019년 6월, 과학기술정보통신부와 정보통신산업진흥원이 연세 세브란스 병원과 인공지능 기반 응급 의료 시스템 개발을 약속했다.

이 시스템이 지닌 목표는 두 가지다. 하나는 환자 이송 시간을 최대한 줄여 치료 골든타임을 확보하는 것이고, 또 하나는 환자의 상태나 질환 중증도에 따라 맞춤형으로 진단 처치 서비스를 제공하는 것이다. 이를 위해 5G 기반 전송 체계를 접목해 응급 현장에서 이루어지는 각종 생체 데이터와 의료 영상 등의 데이터를 실시간으로 전송하는 시스템을 구축하고, 환자별 최적 병원 자동 선정 시스템 구축, 환자 맞춤형 응급 서비스 개발 등을 목표로 삼겠다는 의지다.

정부에서 지원하는 예산도 3년간 231억 원에 달한다. 6개의 의료기관과 10개의 정보통신 기업, 서울대학 전자통신원 등이 컨소시엄을 구성해 추진한다고 발표한 바 있다. 새로운 의료 체제, 똑똑해진 의료 체제가 실생활로 다가오고 있다.

2020년, 헬스케어 관련 분야는 더욱 발전할 것이라는 전망이다. 우리나라의 경우, 데이터 축적에 필요한 인구가 있고, ICT 인프라가 우수하며, 높은 교육 수준으로 기술 개발에 필요한 전문 인력 양성이 용이한 편이다. 이러한 장점이 의료 분야와 결합되어 발전 가능성을 높이고 있다. 다만 의료 서비스 현장에서의 규제 환경이 걸림돌이 되기도 한다.

수면무호흡증을 개선하려는 A라는 사람이 있다고 가정하자. 디바이스를 착용하고 수면에 들어간 A씨의 수면 상태는 실시간으로 주치의에게 전달된다. 그리고 다음 날, A씨는 수면의 질에 대한 분석 보고서를 휴대폰을 통해 전달받는다.

이 상황은 현재 헬스케어 기술력으로 충분히 가능하다. 그러나 이러한 서비스는 규제에 막혀 진행이 불가능하거나 자격증에 의한 제한 및 장소적 제약을 받고 있다. 비의료기관이나 비의료인이 헬스케어 서비스를 제공할 때 법적인 리스크가 존재하고, 건강보험급여 대상에서 제외되어 있다.

하지만 앞으로의 삶의 질, 기술의 비약적인 발전을 생각할 때 헬스케어 시장 규모는 커질 수밖에 없다. 이를 위해 규제 샌드박스를 시행하는 등 정부 차원에서의 노력도 이어지고 있다. 2020년 헬스케어 시상은 규세 완화와 함께 커질 진망이다.

헬스케어 관련 투자 팁

현장에서도 헬스케어가 디지털화되어 상용되고 있다. 길병원에서는 2016년에 인공지능 왓슨을 도입해 진료에 활용하고 있다. 이는 국내 병원에서는 처음으로 암 환자의 진단과 치료를 돕는 인공지능 프로그램으로, 의사가 환자의 나이, 몸무게, 현재 상태, 이전 치료법 등의 항목을 입력하면 왓슨은 그간 학습한 내용을 기반으로 치료 방법과 그 근거를 제시한다. 데이터에 대한 신뢰도가 높고 의사들이 내린 판단과 다르지 않아 환자의 80%가 왓슨의 진단을 따랐다고 한다.

국내 인공지능 스타트업 기업인 뷰노코리아는 인공지능 기술을 의료에 적용해 '골 연령 판독 프로그램'인 본에이지를 개발했다. 컴퓨터에 골밀도 측정 결과와 환자 상태에 따른 뼈 나이 정보를 학습시켜 본에이지가 환자의 예상 뼈 나이를 알려주도록 했다. 이를 통해 환자는 보다 빠르고 정확한 진단 결과를 알 수 있게 되었다. 이 프로그램은 어린이의 성장판 상태와 나이를 고려해 성인이 되었을 때 예상되는 신장도 알려주어 그에 따른 보완책을 마련할 수 있는 등 예방 의학의 길을 열어주었다.

일부이긴 하지만 헬스케어는 이미 실생활에 적용되고 있다. 앞으로의 헬스케어는 지금보다 훨씬 더 다각도로 활용될 것이다. 규제가 완화되면 지금과는 확실히 다를 것이다. 헬스케어 영역에서 환자의 참여가 활발해질 것이며, 지금과는 비교할 수 없는 많은 데이터가 수집되고, 이를 바탕으로 개별 환자에 맞춤형 의학이 제공될 것이다. 이와 함께 예방 의학, 맞춤형 치료 서비스로 인간이 건강하게 더욱 오래 살 수 있는 환경이 마련될 것이다.

앞으로의 성장 가능성으로 헬스케어 분야도 투자 전망이 밝다. 우선 헬스케어 분야는 하드웨어, 소프트웨어, 관련 기술, 세 분야로 나누어 생각해볼 수 있다. 우선 헬스케어 하드웨어라 할 수 있는 핵심 기술의 개발 업체를 눈여겨보아야 한다. 헬스케어 핵심 기술로 꼽히는 빅데이터, 인공지능, 가상현실, 정밀 의료, 유전체 분석, 재생 의료 등과 관련한 기술 개발 업체가 그것이다.

헬스케어 서비스의 소프트웨어는 각종 기술을 구현해내는 장비다. 이미 개인이 소유한 휴대형 착용형 기기나 클라우드 병원 정보 시스템 등을 활용한 일부가 진행 중이다. 그러나 규제에 대한 시대적 요구에 따라 각종 예방 의학을 위한 기기나 시스템 업체에 대한 전망을 해볼 수 있다. 2020 헬스케어 관련 투자에 있어 유의해야 할 점은 핵심 기술을 갖추고 있는지를 살펴보고, 각종 규제에서 자유로운 입장인지를 확인하는 것이다.

최종훈의 추천 종목

√ 추천 종목 ❶ 솔본(035610)

인피니트 헬스케어를 두고 있는 사업체다. 솔본은 타 법인 경영에 참여하고 부동산 임대를 주요 사업으로 두고 있다. 2018년 재무에 어닝서프라이즈가 발생히면서 흑자로 전환했지만 주가 회복은

더딘 상황이다. 유보율은 1,000% 이상이며, 부채는 적다.

√ 추천 종목 ❷ SK바이오랜드(052260)

의약품 및 화장품 원료 산업 회사다. 천연물 및 미생물을 이용해 제품을 생산하고 있다. 현재 SK바이오랜드 계열사인 SK바이오팜이 신약을 개발하면서 미국에 최초 진출해 2020년부터 가시적으로 실적이 나올 것이라 예상된다. SK바이오팜의 기술력은 국내뿐 아닌 세계적으로 점유율을 높여가며 명성을 높일 것이라 예상된다. 따라서 헬스케어 관련주로 주목할 만하다. 현재 거래일 상한가를 기록하면서 악성 물량이 어느 정도 정리되었다. 2만 원 아래로 매수 포지션을 잡고 매매하는 것을 추천한다.

미세먼지
저감 산업

미세먼지 공격 시대

최근 몇 년 사이 아침 풍경이 달라졌다. 사람들이 아침에 일어나 외출하기 전에 하는 행동이 있다. 바로 최신형 휴대폰으로 날씨를 검색하거나 인공지능 비서를 불러내 날씨 정보를 얻는 것이다.

"○○야, 오늘의 미세먼지 지수 알려줘."

"네, 오늘의 미세먼지는 '보통' 수준입니다."

불과 몇 년 전까지만 해도 일 년에 한두 차례 미세먼지나 황사 이야기가 거론되었는데, 이제는 미세먼지 지수를 확인하는 것이 일상이 되었다. 미세먼지의 습격은 이제 공포가 되었다. 몇 년 전부터 환경 관련 문제가 전 세계적으로 심각해진 상황이다.

세계보건기구(WHO)에서 미세먼지를 1군 발암 물질로 분류했다. 호흡기 심혈관 질환에 미세먼지가 미치는 영향력이 크다. 산업 활동에 미치는 영향력 역시 무시할 수 없다. 반도체와 디스플레이 산업은 가로세로 30cm×30cm 공간에 0.1μg의 먼지 입자 1개만 허용될 정도로 먼지에 민감하다. 미세먼지에 노출될 경우, 불량률이 증가한다. 자동차 산업은 도장 공정에서 오작동이 발생할 수도 있다. 자동화 설비도 마찬가지다.

국민의 건강뿐 아니라 산업에도 큰 영향을 미치는 미세먼지는 환경오염의 주범이 되었다. 환경오염은 2018년 사회 조사 결과에서 우리나라 국민들이 뽑은 3대 사회 불안 중 하나다. 많은 사람이 범죄 발생과 국가 안보에 대한 불안과 함께 환경오염에 대한 불안을 꼽은 것은 그만큼 환경 문제가 실생활로 다가왔음을 의미한다. 이 조사에 의하면 국민들의 36%가 2년 전에 비해 대기 환경이 나빠졌다고 대답했다. 현대경제연구원의 발표에 따르면 미세먼지주의보 발령으로 인한 손해 비용이 하루 1,586억 원에 이른다고 한다.

최근 들어 맑고 청명한 하늘을 보는 것이 하늘에 별 따기만큼 어려워졌다. 이런 까닭에 미세먼지 마스크를 만드는 기업의 주식이 쭉쭉 상승하고 있다. 환경에 대한 관심이 높아진 만큼 친환경 기업에 대한 선호도가 높아지고 있다. 환경을 살리는 기업, 환경오염에 대비할 수 있도록 돕는 기업에 많은 관심이 쏠리고 있다.

환경과 관련한 산업군이 조명받으면서 이러한 흐름은 앞으로도 지속되리라는 것이 업계의 관측이다. 미세먼지 관련 산업의 경우, 전 세계적인 환경 문제로 대두되고 있고, 우리 정부도 대책 마련에 적극적으로 나서고 있기 때문이다.

정부는 향후 5년간 미세먼지 정책 방향과 추진 과제를 제시하는 미세먼지 관리 종합 계획을 수립해 총 20.2조 원의 예산을 투입하고, 2024년까지 전국의 미세먼지 농도를 2016년 대비 35% 저감시키겠다는 계획을 세웠다. 정부가 그만큼 예산을 쓰겠다는 것은 필요성을 인지했다는 의미다. 이와 관련한 산업 역시 적극적이고 활발한 행보를 할 수밖에 없다. 그런 점에서 미세먼지 저감 관련 산업의 전망은 매우 밝다.

미세먼지 저감 산업에 대한 기대감

미세먼지를 저감시키는 기술이라고 해서 바로 적용할 수 있는 것은 아니다. 정부에서 어떠한 반응과 속도로 산업을 이끌어가려 하는지 살펴보며 스텝을 맞춰야 한다. 우선 대기오염을 바라보는 우리 정부의 반응을 살펴보자. 솔직히 우리나라는 환경 정책에 그리 민감한 편이 아니다. 선진국에 비해 절실함을 깨달은 시기가 늦은 감이 있다. 하지만 늦게나마 필요성을 절감하고 발 빠르게 움직이니 다행이란 생각이 든다.

우리 정부는 2017년부터 미세먼지에 대응하기 시작했나. 성부는

2017년에 '미세먼지 관리 종합 대책'을 수립했고, 5년마다 재수립하도록 했다. 그러다가 이듬해인 2018년에 '미세먼지 저감 및 관리에 대한 특별법'을 제정하고, 비상·상시 미세먼지 관리 강화 대책 방침을 발표했다. 그 대책에 대해 살펴볼 필요가 있다.

정부는 미세먼지 관리 지역을 전국으로 확대하고, 2022년까지 발전 산업 수송 생활 부문에서 국내 배출량 30% 감축을 목표로 삼았다. 그리고 국가미세먼지정보센터를 설치·운영하기로 했다.

고농도 미세먼지가 예상되는 경우, 시·도지사가 자동차 운행을 제한할 수 있도록 했다. 특히 고농도 미세먼지 비상 저감 조치와 상시 미세먼지 추가 저감 방안을 마련해 관계 부처와 합동으로 발표하며, 도로 청소와 차량 2부제 실시, 경유차 감축, 대중교통망 확충 등의 방안을 제시했다. 정부가 내놓은 방안에 따른 재정을 살펴보면 어떤 부분을 유의해서 보고, 어떤 분야의 기술 개발이 유용할지 판단해볼 수 있다.

현재 연간 NOx(공기 중의 질소산화물) 4톤, SOx(공기 중의 황산화물) 4톤을 초과하는 사업장은 1,094개로 파악된 상황이다. 관련 업체들은 대기오염 방지를 위한 방지 시설을 설치해야 하므로 환경 개선 지출은 증가할 수밖에 없다. 이외에도 노후 경유차의 조기 폐차를 유도하고, IMO2020에 발맞춰 선박연료유 황함량 규제를 3.5%에서 0.5%로 강화했다. 휘발성 유기화합물(VOCs) 규제 강화로 발전, 정유, 석유화학 업종 전반에 걸쳐 규제가 강화되는 흐름이 지속될 것이다. 다시 말해, 미세먼지에 대한 정부의 대책은 기본의 방식을 고수하던 전통 산업(발전 정유 화학)에 대한 환경 규제를 강화하고, 환경 오염 방지를 위한 설비 제조(탈황, 집진 장치 등) 업계를 위해 긍정적인 영업 환경을 조성하겠다는 것이다.

구체적으로 이에 대한 정부의 예산을 살펴보면 가닥이 잡힌다. 과학기술정보통신부는 과학적 근거를 기반으로 한 미세먼지 대응을 위해 현장 맞춤형 미세먼지 영향 규명 및 실증이란 과제를 추진하기로 했다. 2019년에는 90억 원을 투자했으며, 2020년과 2021년에는 각각 180억 원의 예산을 책정했다.

이를 통해 특수 장비나 소각장 등의 배출원별로 맞춤형 미세먼지 저감 기술을 개발하고, 차세대 미세먼지 저감 기술을 활용한 실증형 신기술을 개발하겠다는 계획이다. 또한 미세먼지 주요 발생 원인 사업장, 자동차, 항만, 농촌 지역을 대상으로 미세먼지 발생 원인별 관리 방안을 마련하겠다는 의지를 보이고 있다. 이러한 정책에 따라 미세먼지 대응을 위한 연구 개발, 그를 상용화할 수 있는 업계에 대한 기대감이 높아지고 있다.

미세먼지 저감 산업 관련 투자 팁

아름다운 꽃이 피어나는 봄은 계절의 여왕이다. 그런데 이제는 봄을 계절의 여왕이라고 부르는 것이 민망하다. 맑은 공기, 푸른 하늘을 맛보아야 할 봄의 시간을 마음껏 누리지 못하는 날이 많아졌기 때문이다. 미세먼지 때문에 마스크를 쓰고 다녀야 하는 날이 많아졌다.

계절을 마음껏 누리지 못하는 것은 참으로 안타깝지만, 이러한 상황에서 누군가는 수혜를 받기도 한다. 미세먼지 마스크를 만드는 기업이 대표적인 예다. 미세먼지의 공습으로 인해 공기 청정에 대한 관심이 높아졌다. 공기청정기 관련 기업도 인기를 얻으면서 관련주가 수혜주가 되고 있다.

미세먼지 저감 산업에 대한 관심과 대책이 구체화될수록 관련 분야의 폭이 넓어진다. 우선 산업군의 분야를 크게 오염물 저감, 환기 시스템, 공기청정기, 마스크, 인공눈물 관련주로 나누어볼 수 있다. 오염물 저감 관련 분야는 미세먼지의 원인이라고 지목받는 질소산화물을 제거하는 대기 정화 사업 분야를 의미한다. 질소산화물은 사업장에서 연료를 태울 때 배출되거나 자동차 배출가스에 포함된 대기오염 물질이다. 그 자체만으로 독성이 있고, 햇빛의 광학 반응으로 미세먼지가 생성되는 만큼 이를 최대한 생성 억제해야 한다. 미세먼지 저감용 탈진 필터를 생산하거나 공급하는 회사가 질소산화물을 제거하는 대기 정화 사업 기업에 속한다.

공기청정기와 환기 시스템 역시 미세먼지 저감에 중요한 역할을 한다. 모두 공기 질을 관리해주기 때문에 산업 현장에서나 일상생활에서 미세먼지와 사투를 벌이는 이들에게 반드시 필요하다. 앞서 말한 마스크와 인공눈물 관련주 역시 투자 대상이 될 수 있다. 앞으로의 세상은 어떻게 하면 환경을 더 좋게 만들지에 관심이 많기 때문에 관련주는 넓어질 것이다.

물론 시기성 있게 나오는 기술 개발도 눈여겨보아야 한다. 예를 들어 2019년 11월, 한국에너지기술연구원이 초미세먼지와 극초미세먼지를 세계 최고 수준으로 저감할 수 있는 '하이브리드 정전 분무 습식 전기 집진기'를 개발했다는 소식은 긍정적인 투자 신호다. 기술 개발의 경우, 오랜 시간을 두고 연구 개발하기 때문에 지켜보며 투자를 결정하는 것이 좋다.

최종훈의 추천 종목

√ 추천 종목 ❶ 나노(187790)

질소산화물 제거를 기반으로 대기 정화 사업을 하는 기업이다. 대기오염 규제 강화와 향후 해외 발전소, 선박 시장의 SCR(배기가스 저감 장치 중 선택적 촉매 환원법 질소화합물 처리) 촉매 수요가 꾸준히 증가할 것이라 예상하는 상황에서 나노의 대기 정화 사업 기술은 꼭 필요하다. 나노는 본사의 기술력을 외국 기업에도 이전해 해외 행보를 벌이고 있다. 얼마 전에는 세계에서 가장 공기가 나쁜 나라 중 하나인 인도의 국영 발전 설비 회사 BHEL과 합작해 기술 이전료로 165만 달러와 10년 동안 2.7%의 로열티를 받는 쾌거를 이루기도 했다. 나노는 BHEL이 인도 시장에서 자체 생산 전까지 미세먼지 저감용 탈진 필터를 독점 공급하기로 하는 등 국내외 미세먼지 저감 산업에 전방위로 참여하고 있다.

√ 추천 종목 ❷ 위닉스(044340)

　대기오염에 관련한 이슈가 대두되어 공기청정기 테마인 위닉스, 크린앤사이언스 등의 종목이 연초 대비 100~150%의 주가 상승을 보였다. 위닉스의 경우, 2019년 전년 대비 당기순이익이 92% 증가했다. ROE가 27%, 자본유보율이 1,832%에 달하는 만큼 재무 구조가 탄탄하다. 높은 수익률을 기록한 만큼 미세먼지 테마와 더불어 실적주로 분류할 수 있다.

제4차 산업혁명 시대
자율주행 기술

2020 자율주행 원년의 해?

2019년 새해를 맞아 큰맘 먹고 수입차를 구입했다. 내 차의 가장 큰 메리트는 자율주행이었다. 자율주행차는 직접 운전해야 하는 피로함과 위험으로부터의 방어책이 마련되어 있는 차다. 다른 건 생각도 하지 않고 결정했는데, 결과적으로 내 차는 반자율주행 형태다. 아무리 자율주행차로 나왔다 해도 수입되면 완전자율주행이 허락되지 않기 때문이다. 각종 규제가 피부로 와닿았다.

이것이 현재 우리나라 자율주행차의 현실이다. 한쪽에서는 자율주행 기술의 발전을 위해 온갖 노력을 기울이는데, 흰쪽에서는 상용화가 되지 않는다. 아이러니하지만 본래 새로운 기술이 상용화되기까지는 시간이 걸리기 마련이다.

그럼에도 자율주행 기술은 앞으로도 계속 이슈일 것이다. 자율주행 기술에 대한 필요성은 이미 여러 경로를 통해 예견되어 왔다. 정부도 이러한 시간적 갭을 줄이기 위해 노력 중이며, 기술 업계에서는 2020년을 자율주행차 역사의 시작으로 보고 있다.[1]

자율주행은 운전자의 운전 부담을 줄여 차내에서의 생산이나 여가 시간을 확대시킨다. 또한 자율주행에 따른 교통사고 감소와 교통 흐름의 효율화, 장애인이나 노약자 같은 교통 약자의 능력을 보완하는 등 삶의 질 개선에 기여한다는 기능이 있다. 5G의 등장은 자율주행차의 상용화를 앞당기는 역할을 하고 있다.

특히 2019년 4월, 5G 통신망 상용화와 정부의 자율주행차법 제정안이 통과되면서 국내 자율주행 산업에 대한 관심과 개발도 박차를 가하고 있다. 국내 기업의 경우, 아직까지는 사실상 부품 공급 업체가 대부분이지만, 5G의 등장으로 자율주행차의 상용화를 향한 움직임이 빨라지고 있다.

자율주행차에 있어 주요 기술이라 할 수 있는 V2X, 5G, DSRC/WAVE, GPS 등의 IT 기술 개발이 경쟁적으로 이어지고 있다. GM의 크루즈 오토메이션 인수, 포드의 이스라엘 영상 인식 업체 아르

---

1 오원석 글 https://terms.naver.com/entry.nhn?docId=3579584&cid=59088&categoryId=59096

고(Argo) 인수 등과 같이 세계적인 자동차 업체가 기존 시스템에서 벗어나 자율주행 기술 접목 시기를 앞당기기 위해 인공지능, 사물인터넷과 연관된 IT 업체들과 적극적으로 인수·협업을 진행하고 있다. 아우디 역시 2020년까지 C-V2X, 5G-V2X 기술을 양산할 계획이다. BMW도 두 기술의 양산에 힘쓸 것이라고 밝혔다. 현대자동차는 2020년에 출시될 제네시스 모델에 두 기술의 접목을 염두에 두고 있다.[2]

물론 가야 할 길이 멀다. 그러나 세계적 흐름에 따라 국토부, 산업부 등이 2020년, 레벨 3의 자율주행차 상용화를 달성하기 위해 부품, 서비스, 시스템, AI 등의 기술 개발까지 이르는 수많은 과제를 대대적으로 이행하고 있다.

자율주행 기술에 대한 기대감

완전한 자율주행차를 타고 달리는 모습을 생각해보자. 차를 타러 가는 순간, 센서가 사람을 감지하고 자동으로 문이 열린다. 미리 입력해둔 목적지의 최적의 이동 코스가 검색되고 알아서 차가 출발한다. 운전자인 내가 핸들과 가속 페달, 브레이크 등을 조작하지 않아도 차가 알아서 정밀한 지도, 위성 항법 시스템(GPS) 등의 차량 센서로 상황을 파악해 목적지에 도달한다. 주차 역시 알아서 한다. 생각만으로도 편리하고 안전할 것 같지 않은가. 물론 이 모든 과정이 원

---

2 〈산업일보〉 2019년 3월 2일자

활하게 진행되려면 계속적인 기술 개발이 요구된다. 그렇다면 과연 어떤 기술이 필요할까?

- 차 간 거리를 자동으로 유지하는 HDA 기술
- 차선 이탈 경보 시스템(LDWS)
- 차선 유지 지원 시스템(LKAS)
- 후측방 경보 시스템(BSD)
- 어드밴스드 스마트 크루즈 컨트롤(ASCC)
- 자동 긴급 제동 시스템(AEB)

이외에도 수십 가지의 기술이 더 필요하다. AI 시대가 본격적으로 열리면서 이 모든 것이 가능해졌다. AI 시대와 함께 자율주행 기술은 이미 예견되었다. 시장조사 업체 네비건트리서치에 따르면 세계 자율주행차 시장이 2020년 전체 자동차 시장의 2%인 2,000억 달러를 차지하고, 2035년까지 1조 2,000억 달러에 달할 것으로 추정한다.

물론 나라마다 개발 정도가 다르다. 미국자동차기술학회는 자율주행차의 발달 수준을 0부터 5까지 다섯 단계로 나누었다. 일반 차량의 경우는 0단계, 자동 브레이크와 자동 속도 조절 등의 운전 보조 기능이 가능한 경우는 1단계, 부분자율주행이 되지만 운전자의 상시 감독이 필요한 경우는 2단계, 조건부 자율주행이 가능하고 자동차가 안전 기능을 제외하되 탑승자 제어가 필요한 경우 신호를 줄

2018~2023년 자율주행 가능 차량 증가량(단위: 대)

사용 사례	2018년	2019년	2020년	2021년	2022년	2023년
상업 부문	2,407	7,250	10,590	16,958	26,099	37,361
소비자 부문	134,722	325,682	380,072	491,664	612,486	708,344
총 대수	137,129	322,932	390,662	508,622	638,585	745,705

출처: 가트너

때는 3단계로 분류한다. 4단계는 고도 자율주행이 가능한 경우다. 이때는 주변 환경에 관계없이 운전자 제어가 불필요하다. 그리고 마지막 5단계는 사람이 타지 않고도 움직이는 무인주행차다.

전 세계적으로 자율주행용 하드웨어가 탑재된 차량은 2018년 기준, 13만 7,129대다. 가트너의 조사에 따르면 2023년에는 74만 5,705대로 증가할 것이라 전망하고 있다. 이러한 성장세는 자율주행 기술 관련 규제를 가장 먼저 도입한 북미, 중화권, 서유럽 등에서 두드러질 것으로 보고 있다. 가트너는 전 세계 자율주행차 관련 전망치를 공개하며 현재 전 세계에서 운행 중인 차량 중 연구 개발 단계를 넘어선 고급 자율주행차는 아직 없다고 밝혔다. 그러면서도 대다수 차량이 완전한 자율주행을 지원할 수 있는 카메라, 레이더, 라이다 센서 등의 하드웨어를 탑재하고 있다며 앞으로의 성장 가능성을 이야기했다.

IHS 오토모티브에서도 자율주행차 시장 규모가 어떻게 성장할 것인지, 그에 따른 판매량은 어느 정도일지에 대해 전망했다. 계속

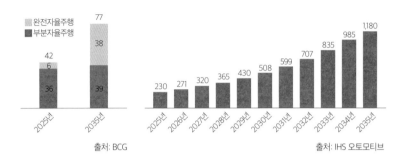

자율주행차 시장 규모(10억 달러)

완전자율주행
부분자율주행

42
6
36
2025년

77
38
39
2035년

출처: BCG

자율주행차 판매량 전망(단위: 만 대)

230 2025년
271 2026년
320 2027년
365 2028년
430 2029년
508 2030년
599 2031년
707 2032년
835 2033년
985 2034년
1,180 2035년

출처: IHS 오토모티브

적인 상승세로 이어지고, 부분자율주행에서 5단계로 넘어가는 완전
자율주행의 시대가 멀지 않았음을 보여준다.

정보통신기술센터 이승민의 '자율주행자동차 최근 동향 및 시사
점'에 따르면 앞으로 완전자율주행 시대가 열리면 여행 및 차내 콘
텐츠 소비가 증가하고, 디지털 광고, 인터넷 판매업 등 서비스 산업
성장과 ICT 기술 접목에 따른 완성차, 핵심 부품, 반도체, SW 지도
제작 부문에서 새로운 비즈니스 기회가 제공될 것이다. 이에 따라
2030년까지 58조 원의 파급 효과와 3조 원의 생산 파급 효과, 그 외
요소 등 약 74조 원의 파급 효과가 있을 것이라 예상한다.

이렇듯 자율주행차에 대한 기술 개발과 시장에 대한 전망은 긍
정적이다. 다만 이 산업의 활성화에 영향을 미치는 요소를 생각해볼
필요가 있다. 우선 개발을 지원하는 규정이다. 아직 자율주행차의
합법적 운행을 허가하는 국가는 없다. 표준화된 규정이 많아질수록
자율주행차의 생산과 출시가 급증할 것으로 예상되는 만큼, 앞으로

각 나라별 규정과 정책 변화가 관건이다. 또한 비용적인 문제도 있다. 이 역시 2026년에 이르면 자율주행 기능을 구현할 때 필요한 센서 비용이 2020년 대비 약 25% 감소할 것으로 보인다. 하지만 여전히 비용이 부담된다. 이를 해결하기 위한 노력, 이것을 해결할 방안이 세워질 때 이 역시 투자 포인트가 된다.

앞서 말했듯 우리나라 역시 자율주행차에 대한 기술 개발과 투자가 이루어지고 있지만 그를 뒷받침할 규제 완화나 정책 마련은 선진국에 비해 부족한 실정이다. 물론 자율주행차 사용화 촉진 및 지원에 관한 법률이 제정·시행되고 있지만 자율주행을 위한 구체적인 지침이나 내용이 마련되었다기보다는 큰 틀만 짜여진 상태다.[3] 현재로서는 기업에서 개발한 기술과 제품에 대한 인증이나 표준 부여에 불과하다. 교통법이나 관련 체계와 관련한 부분은 구체적인 단계에 이르지 못했다. 그러다 보니 완전자율주행에 대한 준비보다는 과도기인 3, 4단계에 대한 준비에 국한되어 있어 기업들이 애를 태우기도 한다.

자율주행차를 차량에만 국한시켜 생각하는 것도 문제다. 자율주행 기술은 차량뿐 아니라 드론 플라잉카를 포함한 관제 시스템과 관련 기술이 포함되어 있다. 그런데도 이에 대한 구체적인 계획이 없다. 이러한 한계점에도 정부의 미래 기술 개발 투자에 대한 계속적

---

3 〈세계일보〉 2019년 11월 8일자

인 노력과 의지로 인해, 그리고 전 세계적인 자율주행차 시대의 바람으로 인해 자율주행차 투자에 대한 기대감이 높아지고 있다.

자율주행차 관련 투자 팁

전 세계적으로 자율주행차 개발에 따른 의지가 뜨겁다. 앞서 말했듯 우리나라에는 자율주행 기술을 모두 갖춘 기업이 없다. 사실상 부품 공급 업체가 투자 대상으로 인식되어 있지만 협업 형태로든 투자를 하여 자율주행차 개발에 참여하고 있다. 국내 기업이든, 해외

2019년 국내 기업의 해외 자율주행차 관련 기업 투자 현황

기업	내용
ESMO	프랑스 자율주행차 기업 '나브야(Navya)'에 약 263억 원 투자(7월 1일)
현대, 기아	미국 자율주행 기술 개발사인 '오로라(Aurora)'에 전략적 투자를 진행하고 양 사 협력을 강화할 것을 발표(6월 12일)
삼성	미래기술투자 자회사인 삼성벤처 투자를 통해 미국 라이다 전문 기업 '센스포토닉스'가 모집한 약 285억 원 규모 투자에 참여
LG	블랙베리와 커넥티드 및 자율주행차 기술 도입 가속화를 위해 제휴 관계 확대(6월 26일)

2019년 7월 글로벌 기업의 자율주행차 협업 및 투자 현황

기업	내용
포드, 폭스바겐	글로벌 협력을 강화하고 자율주행차 기업 아르고 AI에 70억 달러(약 8조 2,000억 원) 투자 결정(7월 12일) 양 사는 아르고 AI의 자율주행 기술을 접목해 각각 새로운 자율주행차 개발에 나설 계획
BMW, 텐센트	자율주행 차량용 컴퓨팅 센터 구축을 위한 파트너십 체결(7월 20일) BMW는 텐센트의 방대한 데이터 역량을 확보해 2021년 중국에서 자율주행 레벨 3단계를 보급한다는 계획

출처: 정보통신기획평가원

관련 기업이든 자율주행차 시장 선점을 위해 업계 투자가 활발하다. 국내 기업이 해외 자율주행차와 관련한 기업에 투자하는 경우도 있고, 글로벌 기업이 자율주행차를 위해 협업 또는 투자하는 경우도 있다.

현대자동차가 이 분야에서 가장 활발한 행보를 보이고 있다. 스타트업 기업인 오로라에 전략 투자를 결정하고, 미국의 유력한 자율주행 기업인 앱티브에도 20억 달러를 투자하기로 결정했다. 이는 창사 52년 만에 처음 있는 일이다. 미래차 시장에서 추격자가 아닌, 선도자가 되겠다는 승부수를 띄운 것으로 해석된다.

자율주행 소프트웨어 분야에서 세계 최고 수준의 기술을 보유한 미국의 자동차 부품 및 소프트웨어 기업인 앱티브와 미국에 합작 회사를 세우기로 한 현대자동차는 2020년에 미국에 본사를 설립한 뒤 2022년까지 완성차 업체 및 로봇택시 사업자 등이 사용할 수 있는 자율주행 플랫폼용 소프트웨어를 개발해 공급할 계획이라고 밝혔다.

현대자동차뿐 아니라 정부도 자율주행차와 관련한 지원을 마련한다. 2020년까지 총 1,551억 원이 투입되는 '국가혁신클러스터' 자율주행차 사업이 본격화된 것이다. 국가혁신클러스터란, 신산업 육성과 투자 활성을 위해 2018년부터 2022년까지 비수도권 14개 시도별로 추진되는 재정 사업이다. 혁신도시와 산업단지를 연계해 각 지역 성장 거점을 육성하려는 사업으로, 이 사업에 자율주행차가 들어갔다. 주체는 울산시와 세종시다. 울산시는 2020년부터 2022년까지 자율주행차를 개발하고, 세종시는 울산시에서 개발한 자율수행차를 실증하도록 수행하는 사업을 진행한다. 여기서 개발될 자율주행차는 전기차, 수소차 등 친환경 자동차다. 이를 통해 고용 효과와 사업화 매출 등의 이익이 발생할 것으로 기대된다. 기업뿐 아니라 정부 차원에서 진행되는 자율주행차 관련 사업이나 투자를 지켜보며 관련 분야의 투자를 관망해볼 필요가 있다.

다음은 네이버카페 '스톡헌터(텔레그램채널 @covervalue)'에서 발표한 자율주행차 관련주다.

자율주행차 관련주

종목	기업 정보
ISC	자회사 아이솔루션이 전 세계 ADAS 1위 업체인 모빌아이(인텔의 자회사인)로부터 아시아에서 유일하게 Qualifying을 획득한 업체
KT	자율주행 실증 단지인 경기도 성남의 판교제로시티에서 5G 자율주행 버스 운행을 위한 5G 및 LTE 기반 자율주행 인프라 구축
LG이노텍	자율주행차 및 커넥티드카 부품인 C-V2X(셀룰러-차량·사물통신, Cellular Vehicle-to-Everything) 모듈 개발에 성공하면서 유럽, 북미, 아시아 등 여러 글로벌 기업과 V2X를 활용한 통신 플랫폼 개발에 활발히 참여 중
LG전자	VS 사업 본부, 차량용 인포테인먼트 제품과 전기자동차용 구동 부품, 첨단 운전자 지원 시스템(ADAS) 등 생산
NAVER	위치와 이동 기반의 생활 환경 지능 기술에 집중하며 독립 연구 조직 네이버랩스를 통해 자율주행차, 인공지능, 로보틱스, 3D 지도 등을 연구 개발
SK텔레콤	양자 암호 게이트웨이 솔루션을 MWC 2019에서 공개, 차량 통신 기술(V2X)·블루투스·레이더·라이더·운전자 보조 시스템·스마트키 등 외부 위협에 노출될 수 있는 각종 장치를 감시하며 위험 발생 시 즉각 운전자와 관제 센터에 상황을 알려 사태 악화를 방지
SK하이닉스	5G·자율주행차 등 메모리 반도체 사업
THE MIDONG	차선 이탈 경보, 차량 충돌 경보, 보행자 인식, 졸음운전 경보 등 첨단 운전 지원 시스템(ADAS) 사업
기아차	인공지능 기반의 부분자율주행 기술 최초 개발

종목	기업 정보
남성	아마존의 차량용 인공지능(AI) 비서 '알렉사 오토'를 탑재한 인포테인먼트 기기를 세계 최초로 개발
네패스	2018년 미국의 퀄로직이 발표한 인공지능 플랫폼 'QuickAI'에 자사의 AI 칩 공급, 2017년 7월 인공지능 반도체인 뉴로모픽 칩 'NM500'을 처음으로 공개
다믈멀티미디어	삼성전자와 구글의 커넥티드카 공동 플랫폼 구축, 하만에서 인수한 독일 업체에 DAB(Digital Audio Broadcasting) IC를 공급 부각
대성엘텍	애플로부터 커넥티드 관련 카플레이 인증 획득, 구글의 '안드로이드 오토' 인증을 통해 스마트폰 기능과 화면을 자동차에 그대로 옮기는 인포테인먼트 제품 양산
대주전자재료	삼성전기에 MLCC용 전극 페이스트를 독점 공급 부각
동운아나텍	국내 최초로 개발한 오토포커스(AF) 드라이버 집적회로(IC)로 관련 분야 세계 시장점유율 1위(55%)
드림시큐리티	통합 보안 전문 기업, PKI 인증, 생체 인증, IoT 및 DB 보안, 스마트 인증
드림텍	지문인식센서 모듈, 스마트 의료 기기, 차량용 LED 모듈 등을 개발·생산하는 종합 전자 부품 제조 기업
디에이테크놀로지	SK텔레콤과 국내에서 자율주행 서비스 상용화를 추진하는 협약 체결
라닉스	자동차와 사물인터넷(IoT)의 핵심 기술인 무선통신과 보안 및 인증 관련 시스템 반도체 등의 기술을 개발, 사업화하는 토탈 솔루션 업체
로보티즈	인공지능, 자율주행 관련 기술 개발 추진
리드	ADAS(지능형운전자보조시스템) 업체인 아이솔루션 자회사로 인수
만도	자율주행차용 중장거리 레이더를 국내 최초로 국산화해 현대·기아자동차 및 완성차 업체로 공급 확대, 카누와 전기자율주행차 50만 대 분량에 달하는 전자제어식 조향 시스템 공급 계약 체결
모바일어플라이언스	2014년부터 독일 BMW와 아우디에 영상 녹화 장치, 첨단 운전자 지원 시스템(ADAS), 헤드업 디스플레이(HUD) 등 반순정(P/DIO) 제품 공급
모트렉스	IVI, HMI를 필두로, 제4차 산업혁명의 화두인 스마트카, 자율주행차, 커넥티드카 및 스마트카의 필수 장치에 해당하는 HUD, ADAS 등을 개발·제조
바른전자	메모리 반도체 후공정 제조 전문인 Storage SIP, CND Module & Device 사업을 영위
브리지텍	신한은행과 함께 'AI 기반 지능형 컨택 서비스' 시스템 구축, 음성 처리 기술을 활용한 데이터 분석과 음성 인식, 화자 인증, 인공지능 기반의 챗봇 상담 솔루션 보유
블루콤	음성 인식 소프트웨어 기술 개발 업체 미디어젠 지분 보유 부각
비즈로시스	자율주행 시 차량 간 사고를 예방하고 자율주행을 가능하게 하는 차세대 지능형 교통 시스템(C-ITS: Cooperative ITS) 관련 제품 개발 및 수주에 성공

최종훈의 추천 종목

√ 추천 종목 ❶ 만도(204320)

한라그룹의 계열사로, 제동, 조향, 현가장치 등을 생산하는 글로벌 자동차 부품 제조 업체다. 특히 전장 부품을 개발·생산하고 전기차와 하이브리드차에 적용되는 회생 제동 시스템을 개발하는 등 미래차 산업에 집중하고 있다. 핵심인 첨단 운전자 지원 시스템(ADAS)도 성장하고 있다.

ADAS는 충돌 위험 시 운전자가 제동 장치를 밟지 않아도 스스로 속도를 줄이거나 멈추는 자동 긴급 제동 시스템과 차선 이탈 시 주행 방향을 조절해 차선을 유지하는 주행 조향 보조 시스템 및 차량 주변 상황을 시각적으로 보여주는 AVM 등 그야말로 자동차가 알아서 운행을 해주는 자율주행의 핵심 시스템이다.

중국의 부진 등 자동차 산업이 주춤했지만 결국 자동차의 전장화라는 흐름 속에 ADAS의 성장은 굳건하다. 그리고 만도가 이를 주도하면서 앞으로의 자율주행차 시장에서 이 기업이 미칠 영향력은 커 보인다. 최근 현대자동차와 미국 앱티브가 합작 법인을 설립해 우려가 있었지만 합작 법인으로부터 액츄에이터, 센서 제품 수주 기대와 북미와 인도 시장의 성장으로 우려보다 기대 요인이 크다. 특히 아직 자율주행이 확산된 상황이 아니기에 성장 흐름은 지속될 것으로 보인다.

√ 추천 종목 ❷ 엠씨넥스(097520)

카메라 모듈 전문 업체로, 초소형 카메라 모듈 분야에 대한 핵심 기술력을 바탕으로 휴대폰용과 차량용 카메라 모듈을 생산하고 있다. 주요 매출처는 삼성전자, 교세라 등 국내외 휴대폰 관련 업체와 현대모비스, S&T 모티브 등 자동차 관련 업체다.

엠씨넥스의 주력은 휴대폰용 카메라 모듈이지만 자동차 산업, 특히 자율주행 등의 성장으로 자동차용 카메라 모듈 부문도 성장할 것으로 보인다. 매출액의 15% 정도를 차지하는 자동차용 제품은 전방 카메라, 후방 카메라 및 주차 지원, 운전자 상태 감시, 차선 이탈 경보 등 스마트카 영상 시스템 기술로 응용 가능한 성장 동력을 확보하고 있다는 점이 주목할 만하다. 또한 주요 부문인 스마트폰 분야의 카메라 모듈이 사양이 높아지고 듀얼 카메라, 트리플 카메라 등 카메라 수가 늘어나는 양상이라 매출 성장에 긍정적인 요소가 되고 있다.

앞으로 자동차 부문과 드론, AR, VR 등 새로운 기기에도 카메라 모듈 장착이 늘어날 것이므로 엠씨넥스의 시장점유율은 늘어날 것으로 보인다.

빠름, 빠름, 빠름, 5G 시대

세계 최초 5G 국가

우리가 살고 있는 이 세상은 빠름을 추구한다. 특히 우리나라 사람들은 기질적으로 빨리빨리 성향이 강하다. IT 기술이 발전하면서 더욱 빠른 세상이 되었다.

2019년 4월 3일 23시를 기점으로 우리나라에서 세계 최초로 5G 서비스가 상용화되었다. 명실공히 4G LTE 시대에서 한 단계 더 넘어가게 된 것이다. 눈에 보이지 않는 전파의 세계가 뒤집어진 사건이었다.

그렇다면 5G 시대가 열렸다는 것은 어떤 의미일까? 5G란 국제 전기통신연합에서 정의한 5세대 통신 규약으로, LTE보다 훨씬 업그레이드된 이동통신 기술이다. 5G는 세 가지 속성을 지니고 있다. 그것은 바로 초고속성, 초저지연성, 초연결성이다.

5G는 이론상 최고 속도가 20Gbps이고, 체감 속도는 100Mbps다. 4G와 비교할 때 10배 더 빠른 스펙으로, 더 큰 데이터를 보다 빠르게 전송할 수 있다. 이 속도라면 4K, 8K 초고화질 동영상, 무선 초고속 인터넷 서비스인 FWA, VR, AR 등의 대용량 데이터를 기반으로 한 콘텐츠 활성화가 가능하다.

이동통신을 사용하다 보면 버퍼링 등 지연 문제가 생긴다. 5G는 그러한 문제를 많이 해결했다. 1ms(1/1,000초)의 초저지연성으로 4G에 비해 10배 이상 성능이 개선되었다. 이를 통해 즉시적 응답과 반

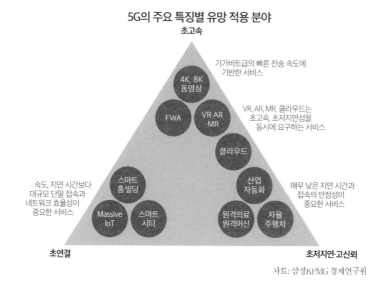

5G의 주요 특징별 유망 적용 분야

초고속

기가비트급의 빠른 전송 속도에
기반한 서비스

4K, 8K
동영상

FWA

VR·AR
·MR

VR, AR, MR, 클라우드는
초고속, 초저지연성을
동시에 요구하는 서비스

클라우드

속도, 지연 시간보다
대규모 단말 접속과
네트워크 효율성이
중요한 서비스

스마트
홈빌딩

산업
자동화

Massive
IoT

스마트
시티

원격의료
원격머신

자율
주행차

매우 낮은 지연 시간과
접속의 안정성이
중요한 서비스

초연결

초저지연·고신뢰

자료: 삼성KPMG 경제연구원

응, 접속 안정성이 중요한 서비스에 이용될 수 있어 실시간 서비스 구현이 가능하다. 제4차 산업혁명 시대의 가장 중요한 키워드인 초연결성 또한 5G로 구현되었다. km^{2}당 100만 대 이상의 대규모 단말기에 동시 접속할 수 있어서 대규모 사물인터넷 환경 구성 및 스마트홈 스마트시티 기반 기술로도 이용할 수 있다.

이러한 5G의 특징들은 다른 기술과 융합되어 새로운 세계의 탄생을 예고하고 있다. 인공지능 사물인터넷과 같은 제4차 산업혁명 기술이 5G와 융합해 다양한 산업을 낳고 있다.

최근 젊은이들의 새로운 놀이라 할 수 있는 VR, AR, MR은 실제로 그 공간에 있는 것처럼 실감형 콘텐츠를 제공한다. 이러한 서비스는 360도 전면에서 볼 수 있는 영상 이미지와 입체 사운드 모션 인식 등을 포함하는 고용량 데이터다. 5G 기반에서는 실감형 콘텐트가 구현되기 때문에 관련 분야의 시장도 전망이 좋다. 시장조사 업체 스태티스타의 발표에 의하면 2018년 270억 달러였던 VR, AR 시장이 연평균 66.8% 증가해 2020년에는 2,092억 달러에 이를 것이라고 한다.

5G 기술은 초지연성이라는 속성 덕분에 자율주행과 디지털 헬스케어에도 접목된다. 디지털 헬스케어의 경우, 다양한 생체 정보를 확보하고 이를 기반으로 질병을 예방하고 건강 상태를 모니터링하는 만큼 실시간 정보 전송이 필요하다. 5G 통신 환경이 구축되면 다양한 기기 간 연동이 가능하고 원격 의료 서비스까지 가능해지면서

편리해진다. 이는 통신 기반 산업에도 변화와 영향을 미칠 것이라 예상한다.

5G가 열어가는 시장

IFA(베를린 국제가전박람회)는 세계 3대 박람회 중 하나다. 2019년 IFA에서 5G는 단연 돋보인 키워드였다. 퀄컴은 기업 역사상 처음 기조연설에 나서서 5G 기술로 인한 산업의 확장과 서비스의 변화에 대해 설명했다. 도이치텔레콤, 삼성전자, BMW 등의 관계자들도 나와 다양한 측면의 진화 방향을 짚어볼 수 있도록 했다.

퀄컴의 협력사인 도이치텔레콤은 독일에서 5G 서비스 영역의 확장 계획과 지원 스마트폰 등을 설명하고, 5G 관련 서비스 비전을 소개했다. 그리고 9개국 18개 스타트업의 5G 서비스를 지원하는 휴브라움 프로젝트를 발표했다. 또한 베토벤이 태어난 본에서 도시 관광 AR 서비스로 '베토벤 2020'을 시작할 계획이라고 밝혔다.

삼성전자는 5G 스마트폰을 소개하고, 관련 기기들의 확장을 발표했다. BMW의 발표도 상징성을 갖는다. 그동안 BMW는 5G, 자율주행과 관련해 인텔과 협력해왔다. 그러나 인텔이 5G 모뎀 개발을 포기하면서 퀄컴과 협력 관계가 된 뒤 새로운 커넥티드카 서비스와 진화 방향을 소개했다. BMW는 V2X를 이용한 로컬 위험 경고(Local Danger Warning) 시스템과 클라우드 기반의 차량 데이터 처리 기술을 강조했다. 그러면서 이를 위해서는 대용량 데이디 진송이 가능한 5G의 도입이 필수라고 밝혔다. 중국의 화웨이 역시 5G 시장에 적극적으로 뛰어들며 다각도로 서비스를 펼쳐나갈 계획을 야심차게 밝혔다.

이러한 흐름을 통해 앞으로 5G 기술이 전 세계적으로 핫한 이슈가 될 것이란 사실을 짐작할 수 있다. 특히 주목할 점은 사업군이 넓어졌다는 것이다. 기존 4G 시대까지는 스마트폰 업체나 장비 업체가 주 고객이었다. 그러나 5G 시대에는 산업의 스펙트럼이 전방위로 확산된다. 5G 시대가 열리면서 전 세계적으로 많은 이동통신사가 참여하고 있다.

또한 5G 관련 제품이 다양하게 확산되고 연계 사업으로 이어지고 있다. 또 다른 산업과 시장이 생겨나는 것이다. 따라서 투자 시장도 바뀔 것이다. 물론 단계가 있다. 우선 도입 초기에는 네트워크 장비, 인프라 활성화를 위해 관련 업체들의 움직임이 계속될 것이다. 상용화 이후에는 이동통신사들의 5G 스마트폰 및 요금제 출시로 이동통신사들의 매출 증대, 나아가 단말기 제조사들의 매출 증대가 있을 것이다. 더 나아가서는 5G를 활용한 다양한 인공지능 기반 기술이 산업에 접목되어 편리함을 안겨줄 것이기에 그에 따른 투자도 상당할 것이다.

5G가 열어갈 시장은 무궁무진하다. 산업 스펙트럼이 넓어질 수밖에 없는 상황이다. 기대감을 갖되, 어떤 프로세스로 자본이 움직일 것인지 생각해봐야 한다.

5G 관련 투자 팁

우리나라는 2019년에 세계 최초 5G 상용이라는 멋진 타이틀을 얻었지만 주식 시장의 반응은 좋지 않았다. 2019년 2분기 실적은 부진했다. 5G 가입자 증가에 대한 확신이 부족하고 비용 증가에 대한 우려 등이 복합적으로 작용했기 때문이다. 5G 서비스가 개시된 지 6개월이 지난 시점까지도(2019년 11월 기준) 통신주가 상승 국면을 연출하지 못했다.

이러한 흐름은 4세대 통신인 LTE가 도입되던 때와 유사하다. 2012년에 LTE가 도입되었을 때도 기대감만 무성했다. 초기에는 긍정적인 반응을 이끌어내지 못했다. 통신사 비용 증가에 대한 우려도 높았다. 그러다가 서비스 가입자 간 평균 수익이 의미 있는 상승세를 나타냈다. 이것은 통신사의 평균 수익과 흐름을 같이했다.

실제로 5G 시장도 그렇게 흘러가고 있다. 시간이 지나면서 탄력적인 반등을 시도하며 매력적인 투자가 되고 있다. 5G 가입자의 증가 속도, 선택 약정 요금 할인 가입자의 동향, 신규 가입자의 요금제 선택 변화, 사업자 간의 경쟁 강도, 3분기 이동통신 3사의 영업이익 증가 등이 그 증거다.

여기에 과학기술정부통신부 인가, 방송통신위원회 동의에서 큰 이슈가 발생할 가능성이 낮다. 우리나라 통신 시장에서의 큰 이슈가 될 LGU+의 CJ헬로 인수 역시 최종 인가 가능성이 높다. CATV 출구 전략이 필요하다는 인식이 확산되고, KT 스카이라이프 합산 규제 재지정 가능성이 낮아지면서 상황이 좋아졌다.

그런 까닭에 이동통신 3사도 앞으로의 실적에 대해 낙관적인 입장이다. 물론 장기적인 실적에 대한 전망이라는 점을 유의미하게 볼 필요는 있다.

SKT	장기적으로 5G 수혜 예상, 실적 전망 낙관
KT	이동전화 서비스 매출액 증가로 장기 실적 전망 낙관
LGU+	무선 매출 비중이 커 5G 조기 상용화에 따른 수혜가 클 전망

그렇다면 5G 관련주에 대한 투자 방향을 어떻게 잡으면 좋을까? 일단 이동통신사에 대한 투자보다는 장비주에 대한 투자를 먼저 생각할 수 있다. 아직까지는 주식 시장에서 5G의 직접적인 수혜를 받아야 할 이동통신 3사의 주가가 부진하다. 오히려 5G 장비주로 분류되는 코스닥 상장사만이 연일 상승세다. 이유가 뭘까?

5G 서비스를 개시했어도 이동통신사들이 기지국을 설치하고 다른 인프라를 조성하는 비용이 5G 요금제 가입자를 통한 매출보다 높을 것이라는 전망 때문이다. 어떤 일이든 초기 비용이 많이 들어간다. 이러한 이유로 외국인 투자자들의 매도가 이어지며 주가가 지지부진한 상태를 유지한 것이다.

이런 상황에서는 장비주에 먼저 관심을 갖는 것이 좋다. 이동통신사의 5G 투자가 장비 업체에게는 수주와 매출 증가로 이어지기 때문이다. 장비주 중에서도 수출 중심, 네트워크 장비주가 유리하다. 물론 한동안은 붐을 일으킨 5G 관련주에 대한 투자가들의 실적 논

란이 적지 않을 것이다. 하지만 우려와 달리 국내 통신사들은 전년도 3분기 영업이익을 전분기 대비 증가 전환했기 때문에 이미 실적 개선 양상이 뚜렷한 네트워크 장비 업종의 경우, 이익 성장 추세가 지속될 전망이다. 중국, 일본 통신사들이 5G 장비 상용화 일정을 공개함과 동시에 5G CAPEX(설비 투자) 규모를 밝힌 바 있어 기지국 장비 업체 및 TR 업체를 중심으로 본격적인 성과를 기대해볼 수 있다.

스위치 장비도 눈여겨볼 필요가 있다. 5G에는 스위치 장비가 기지국만큼 중요한 역할을 수행한다. 스마트 시티를 구현하기 위해 응답 속도의 혁신을 이루려면 초저지연 스위치 장비가 핵심이다. 여기에 국내 이동통신 3사의 5G 독립모드(SA)로의 진화, 3.5Ghz 보완 투자 및 28Ghz 투자 개시가 예상되면서 국내외 스몰셀 광통신 및 광중계기, 기지국 투자 확대가 기대되며, 5G 수혜 종목의 전방위 확산이 예상된다.

5G 관련주들의 장단기 실적 전망이 낙관적이다. 주가가 많이 오른 것이 부담이지만 한국, 미국, 일본, 중국이 시차를 두고 동시다발적으로 투자를 진행 중이라 장기적으로 2021년까지 내다본다면 주가 예상은 긍정적이다.

최종훈의 추천 종목

√ 추천 종목 ❶ 서진시스템(178320)

통신 장비, 휴대폰, 반도체 장비의 함체 및 구조물, 전기 구동 장치 등을 제조·판매하는 업체다. 친환경, 경량화의 대표 소재인 알루미늄을 주요 원재료로 사용해 RRH, 소형 중계기 등의 함체, Digital Unit 등 기지국 장비를 만든다.

통신 장비 업종 자체는 제4차 산업의 성장과 빅데이터, SNS의 발달로 인해 필연적으로 통신 데이터 전송의 속도와 전송량이 늘어날 수밖에 없는 구조다. 성장이 가시화되는 몇 안 되는 산업 중 하나다. 이런 기류를 타고 기존 동남아향 4G 통신 장비 매출과 우리나라로부터 시작된 5G 장비 매출 성장이 본격화될 전망이다. 주가는 이미 기대감이 상당히 반영되면서 5G 관련 테마를 형성하였다. 하지만 산업 자체는 이제 시작이기 때문에 장비 제조 업체는 성장 가능성이 높다.

서진시스템은 통신 장비와 ESS 매출 비중이 대부분을 차지한다. ESS는 2019년 내수시장 둔화에도 호주, 미국 중심의 해외 시장 성장이 보완을 하고 있다. 5G 장비의 경우는 삼성전자의 선전으로 대형 함체 설비 등에 경쟁력을 가지고 있는 데다 5G가 성장의 초입이기 때문에 기업 성장과 주가 전망도 긍정적인 흐름을 지속할 것으로 기대된다.

√ 추천 종목 ❷ RFHIC(218410)

통신 장비인 GaN 트랜지스터와 GaN 전력증폭기를 주력으로 생산하는 업체다. 국내에서 유일하게 GaN 트랜지스터를 생산하고 있다. 전 세계 주요 통신사들이 3GHz 대역 이상의 고주파수를 본격적으로 사용하면서 장비 업체들의 GaN TR 채택 증대가 기대되고 있다. 이것이 중요한 성장 요인이다. 또한 2020년 1분기 이후 삼성전자에 매출 증가가 예상되고, 노키아에 의한 매출 역시 의미 있는 수준으로 성장할 것이라 기대된다. 2019년에 화웨이에 대한 매출 급감 우려로 주가가 급락했지만 2020년에는 삼성전자와 노키아를 통해 GaN TR 매출이 급증할 것으로 보이기에 기대가 크다.

특히 삼성전자가 네트워크 장비 점유율을 높이기 위해 5G에 집중하면서 GaN TR 채택률을 높일 것으로 예상된다. 2020년 전 세계 주요 통신사들이 연간 투자 계획을 제시할 것으로 예상되기에 관심을 갖고 지켜볼 종목이다.

진화하는 스마트폰 세상

폴더블폰 바람

어느 날 퇴근을 하고 집에 들어갔더니 가사 도우미 아주머니가 휴대폰으로 뭔가를 열심히 보고 계셨다. 처음에는 관심을 갖지 않았는데 순간, 유난히 큰 휴대폰 화면이 눈에 들어왔다. 휴대폰을 바꾸셨냐고 여쭤보니 아주머니께서 휴대폰을 보여주시며 폴더블폰이라고 이야기해주셨다. 처음 보는 건지라 정말 깜짝 놀랐다. 아주머니는 최신형 휴대폰인데 모르냐며 어디서 만든 제품인지, 어떻게 사용해야 하는지 친절하게 설명해주셨다. 과연 우리나라 사람들의 휴대폰 사랑은 남다르다는 생각이 들었다. 그리고 얼마 뒤, 폴더블폰 바람이 불었다.

5G 시대의 시작과 함께 불어온 이동통신 시장의 변화에 스마트폰은 중요한 역할을 담당한다. 2019년 IFA에서 화두로 떠오른 것은 8K TV, AI, 5G였다. 전 세계인이 모인 IFA에서 5G 스마트폰은 단연 인기였다. 제품을 내놓은 곳은 우리나라의 삼성전자와 LG전자, 두 곳뿐이었다. 우리나라의 휴대폰 기술이 얼마나 발전했는지 알 수 있는 대목이다.

2019년 9월에 삼성전자가 출시한 폴더블폰인 갤럭시폴드는 디스플레이가 접히는 스마트폰이다. 평소에는 접어서 스마트폰으로 사용하다가 펼치면 태블릿으로 활용할 수 있다. 최첨단 기술력이 집약된 스마트폰으로, 휘어지는 디스플레이를 구현하기 위해 플렉시블 유기발광다이오드, 강화 유리를 대신할 투명 PI 필름, 필름 경도를 높일 수 있는 하드 코팅 소재, 폴더블폰에 특화된 터치 집적회로 등의 기술이 들어갔다.

삼성전자의 갤럭시폴드는 240만 원의 고가였지만 1차, 2차 예약 판매가 10분 만에 종료될 정도로 반응이 뜨거웠다. 기본 스마트폰에서는 볼 수 없는 큰 화면에 사용자들이 열광했다. 사용자가 원하는 대로 화면을 2분할, 3분할할 수 있고, 멀티태스킹에 용이하다. 사용자가 기기를 바라보는 정면 시점에서는 화면 중앙 주름이 도드라지지 않아 사용 경험이 양호했다. 내구성, 무게, 그립감 등에 대한 우려가 있었지만 사용자들의 평가는 좋았다.

폴더블폰은 외국에서도 뜨거운 반응을 얻었다. 2019년 IFA에 참석해 폴더블폰을 선보인 삼성전자와 LG전자의 제품에 대한 외국인들의 찬사도 이어졌다. 제품이 전시되자 관람객들이 대거 몰려 뜨거운 인기를 실감할 수 있었다. 이러한 반응을 통해 폴더블폰 시장의 성장 가능성을 엿볼 수 있다.

스마트폰 시장에 대한 기대와 전망

폴더블폰 이야기가 처음 나왔을 때 기본 화면에서 벗어나 화면이 분할되고 멀티태스킹이 가능하다는 사실에 시장이 들썩였다. 그런데 곧 문제가 생겼다. 삼성전자는 미국에서 갤럭시폴드를 정식 출시할 계획을 세웠으나 출시 과정에서 디스플레이와 힌지의 결함이 보고되어 출시 일정을 연기했다. 그 후 계속해서 일정에 대한 루머가 생겼지만 삼성전자는 그에 대한 공식적인 발표를 미루었다. 삼성전자의 강력 라이벌인 화웨이의 더블폰 메이트X 역시 신제품 출시에 어려움을 겪었다. 미국의 무역 제재로 인해 칩셋 수급과 GMS(Google Mobile Service) 사용에 제약을 받으면서 출시 일정이 늦춰지는 상황이 벌어진 것이다.

폴더블폰 선두 업체들의 잇따른 출시 연기 소식에 스마트폰 시장에 대한 기대감이 사그라지는 듯했다. 하지만 삼성전자가 갤럭시폴드를 전격 출시하면서 스마트폰 시장이 활기를 되찾았다. 새로운 폼팩터에 대한 시장의 요구가 반영된 것이다.

물론 처음 전망치보다는 성과가 저조하다. 카운터포인트리서치는 '글로벌 폴더블 스마트폰 전망 보고서'를 통해 2019년에 약 40만 대의 폴더블폰이 출하될 것이라고 예측했다. 이는 이전 전망의 4분의 1 수준이다. 하지만 2019년 9월에 선보인 갤럭시폴드에 대한 반응이 좋고, 경쟁사인 화웨이의 제품이 출시되지 않아 2020년 폴더블폰 시장에 대한 기대감이 생겼다. 큰 디스플레이와 5G 탑재로 인해 높아진 가격이 문제이긴 하지만 기존 스마트폰과 화면 구성이 완전히 달라 어떤 반응과 결과를 만들어낼지 모른다.

중요한 것은 우리나라 사람들은 새로운 기기, 더 큰 화면 사이즈에 대한 요구, 새로운 폼팩터에 대한 니즈, 얼리어답터 정신이 강하다. 따라서 이러한 니즈가 소비자를 자극할 것이 분명하다. 동영상과 멀티태스킹에 익숙한 젊은 세대에게 태블릿과 비슷한 크기의 화면과 휴대까지 가능한 폴더블폰은 충분히 매력적이다. 이러한 이유로 카운터포인트리서치는 폴더블폰 출하량에 대한 전망치를 다음과 같이 내놓았다.

당장 폴더블폰 시장의 판매량이 급속도로 확대되지는 않겠지만 5G 시대의 확산과 제품에 대한 검증이 이루어지면서 시장 확장 가능성은 얼마든지 있다. 2020년에는 삼성전자의 갤럭시폴드뿐 아니라 화웨이와 샤오미의 폴더블폰 개발 예정과 같은 이슈가 있다. 전 세계 스마트폰 제조사들의 반응과 폴더블폰에 대한 시장 반응을 좀 더 살펴볼 필요가 있다.

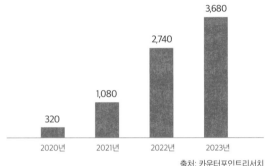

폴더블폰 출하량 전망(단위: 만 대)

- 2020년: 320
- 2021년: 1,080
- 2022년: 2,740
- 2023년: 3,680

출처: 카운터포인트리서치

폴더블폰 관련 투자 팁

삼성전자 최초의 폴더블폰인 갤럭시폴드가 출시되면서 기대감이 높아졌다. 초기 반응이 예상보다 강해 삼성전자를 비롯한 관련 부품사에 긍정적인 모습이 보였다. 갤럭시폴드는 2019년 4월 말에 미국에서 먼저 판매될 예정이었다. 그러나 화면 보호 필름과 힌지의 결함 논란으로 출시가 지연되었다. 이후 문제가 제기된 힌지에 보호 캡을 적용해 내구성을 강화하고 힌지와 기기 본체 사이의 틈을 최소화했다. 기존 플래그십 모델에 비해 100만 원 이상 비싼 가격과 품질 논란에도 초기 반응이 긍정적이라 2020년에도 휴대폰 관련 부문은 좋은 반응을 보일 것이다.

그렇다면 폴더블폰으로 인해 가장 수혜를 받는 곳은 어디일까? 부품주다. 종전의 스마트폰에서는 경험할 수 없는 큰 화면과 손쉬운 멀티태스킹이 명확한 장점이다. 이런 장점을 구현시킨 부품 업체는 조명을 받을 수밖에 없다.

〈아이뉴스24〉의 기사에 따르면 2019년 9월, 삼성전자가 갤럭시 폴드를 출시하자 KH바텍, 세경하이테크, 파인테크닉스, 켐트로닉스 등이 수혜주가 되었다. 갤럭시폴드가 출시된 9월 6일부터 두 달 반 사이 KH바텍의 주가는 102% 급등했다. 세경하이테크는 97%, 파인 테크닉스는 95%, 켐트로닉스는 86%로 높은 주가상승률을 기록했 다. 모두 폴더블폰의 주요 기능을 담당하는 부품 제조 업체다. 폴더 블폰 출하량이 증가하면서 기업 매출도 증가할 것이 자명하다. 앞으 로의 시장이 더욱 기대되는 대목이다.

교보증권은 2020년을 기점으로 폴더블폰 출하량이 급증할 것이 라 전망했다. 2020년에는 600만 대, 2021년에는 2천만 대까지 확대 될 것이라 예상했다. 상상인증권도 2020년 폴더블폰 판매량에 대한 기대치를 1천만 대로 보고 있다. 이런 긍정적 기대로 폴더블폰 관련 주들의 주가 상승 여력이 있다고 보여진다. 다만 변동성과 경쟁사 등장 등의 리스크 요인도 살펴봐야 한다. 폴더블폰 부품과 관련된 국내 업체는 다음과 같다.

- ✝ SKC코오롱PI: 패널 하단 보호 소재 쿠션 PI 필름을 독점적으로 생산하고 있음
- ✝ 이녹스첨단소재: 소재 국산화 추세 및 OLED 패널 크기 확대의 수혜를 입을 것으로 기대

✛비에이치: 패널 크기가 확대됨에 따라 기판 면적이 넓어져 단가
　상승의 수혜를 입을 것으로 기대
✛KH바텍: 케이스 및 힌지 생산
✛덕산네오룩스: OLED 소재 및 M8 재료 세트 생산

최종훈의 추천 종목

√ 추천 종목 ❶ 비에이치(090460)

첨단 IT 산업의 핵심 부품인 FPCB를 생산하는 업체다. FPCB는 TV 등의 가전제품과 스마트폰에 주력으로 탑재된다. 폴더블폰의 경우, 기존 플래그십 스마트폰에 비해 단가가 50~80% 비싸다. 폴더블폰의 수요 확장은 비에이치에 기회 요인이 된다. 2020년에는 이에 대한 수요와 공급이 모두 증가할 것으로 보이는 만큼 확실한 성장이 기대된다.

√ 추천 종목 ❷ 이녹스첨단소재(272290)

앞서 비에이치가 FPCB를 생산한다고 언급했다. 그 FPCB의 소재를 만드는 업체가 이녹스첨단소재다. 폴더블폰의 판매 증가는 이녹스첨단소재의 실적 증가 요인으로 작용한다. 더불어 LCD에서 OLED로 패널 생산이 증가될 것이며, 휴대폰과 TV 시장의 고사양화가 성장을 담보할 것이라 예측된다.

연계 사업을
주목하라

이제는 연계 시대

혼족이 대세다. 혼밥, 혼코, 혼영 등 혼자서 주체적으로 무언가를 하는 사람들이 늘어나고 있다. 혼족이 늘어남에 따라 사회 풍토도 많이 달라졌다. 특히 가장 많이 변화된 것은 식문화가 아닐까 싶다. 혼족이 늘어나면서 혼밥을 하는 사람이 늘어났다. 혼자 식당에 가서 식사를 해결하기보다는 집에서 주문을 해서 먹는 경우가 많아졌다. 당연히 배달 음식에 대한 니즈가 강해졌고, 그 니즈에 따라 음식 배달 문화의 판도가 바뀌었다.

혼족이 가장 많이 사용하는 휴대폰 애플리케이션(이하 '앱')은 베

달 음식 앱이다. '요기요', '배달의 민족' 등으로 알려진 배달 앱이 인기다. 배달의 민족을 운영하는 우아한 형제들의 경우, 우수 벤처기업으로 선정되어 주식 시장에서도 인정받고 있다. 2010년에 서비스를 시작해 국내 1위 배달 앱으로 자리매김하고 있는 이 기업의 자본도 우수할까? 기업의 서비스 내용은 훌륭하다. IT 기술을 활용해 음식점을 찾아주고, 정보와 리뷰를 제공해 소비자와 자영업자, 소상공인을 이어준다. 직접 배달을 하는 배민 라이더스를 서비스하면서 푸드테크의 혁신을 일으키고 있다. 자금 흐름만 보면 이익 창출 구조가 되지 않는다. 배달료로 기업을 운영하는 것이 쉽지 않다는 의미다.

배달의 민족은 이런 자금 구조에서 벗어나기 위해 결제 대행으로 눈을 돌렸다. 배달을 시킨 대부분의 고객이 카드로 결제를 하는데, 카드 수수료가 4%나 되었다. 이에 배달의 민족은 배달과 연계된 결제 대행사 사업에 투자했다. 결제 대행사를 통해 결제되는 카드 수수료가 수익으로 창출되면서 자금력이 탄탄해졌고, 결과적으로 우수 벤처기업으로 발돋움하게 되었다.

우리 회사도 마찬가지다. 고객의 투자 컨설팅을 해주고 주식 거래를 대행하면서 수수료에 대한 부담감이 커 결국은 결제 대행사를 인수했다. 어차피 자금이 오가는 과정에 결제 대행이 필요하다. 컨설팅을 할 때 결제 대행과 연계시키다 보니 비용적인 면에서 훨씬 효율적인 결과를 얻을 수 있었다.

하나만 가지고 승부하기 어려운 시대다. 사람도 멀티태스킹이 필요하고, 기업도 마찬가지다. 기업에서의 멀티태스킹은 다양한 분야를 섭렵할 수는 없어도 서로 연계된 사업을 하며 이윤을 창출하고 업무를 효율적으로 할 수 있다. 이 파트의 마지막에 연계 사업을 꼽은 것은 이러한 시대적 변화와 요구에 따른 것이다.

연계 사업의 다양성

센서와 통신 기능을 통해 사물과 인터넷을 연결하는 IoT는 대표적 연계 사업이다. 핵심 기술인 센싱과 통신 네트워크를 연계해 다양한 서비스를 제공하는 것이다. 기계 산업에서도 기술 간의 연계를 통해 새로운 시스템을 만들어내는 움직임이 활발하다. VR, AR 기술도 제조업과 연계해 장비나 환경 모니터링을 하고, 가상 설계를 하는 등 범위를 넓혀 가고 있다. 이처럼 연계 사업은 제4차 산업혁명 시대에 주요 화두가 될 정도로 중요하다.

그렇다고 동종 업계만 연계하는 것은 아니다. 이종 산업 간의 연계도 활발하다. 이는 기업의 불황에서 벗어나고 비즈니스 경쟁력을 높이기 위해 시너지가 될 만한 업계와 뭉치는 고육책이다. 한편으로는 또 하나의 창의적인 협업이기도 하다. 커머스 융합이 대표적이다. 소셜 모바일 커머스 시장을 기반으로 여러 산업이 연계해 패키지형 산업 시장을 구축하는 형태가 많다.[4]

---

4 https://blog.naver.com/allwithkdb/221563799735

이미 일본과 중국, 미국, 유럽에는 이종 산업 결합 사례가 많다. 일본의 경우, 철도와 우편 산업이 이종 결합의 좋은 사례다. 소외 지역인 무인 기차역사에 지역 우체국을 옮겨 우체국 직원이 업무를 함께해 운영 문제를 해결하고 수수료 수익도 얻었다. 세계 최대 온라인 게임 업체인 중국의 텐센트는 할리우드 영화 제작사와 이종 결합하여 서로의 전문 지식을 공유하며 콘텐츠 개발과 수익 창출을 꾀하고 있다.[5]

우리나라 역시 이종 산업 간 결합이 늘고 있다. 편의점에서 택배 서비스를 시작한 것이 대표적인 사례다. 편리함과 시간 절약, 수익 구조의 재편에 이르기까지 시너지 효과를 내고 있기 때문에 다수의 유통 회사가 온라인과 오프라인 간의 시너지 효과를 위해 택배업에 진출하고 있다. 정유 회사도 협력을 통해 인프라를 공유하기 시작했다. SK에너지와 GS칼텍스는 전국 주유소를 지역 물류 거점으로 활용해 택배 집하 서비스를 시작했다.

카드 업계도 간편결제 시장으로의 결합이 활발하다. 삼성페이와 네이버페이 등의 간편결제 시장과 카드 업계가 협업을 통해 우군이 되고 있다. 대부분의 사용자가 한 번 카드를 등록하면 쉽게 다른 카드로 바꾸지 않는다. 카드사들이 간편결제 시장과 협업해 자사 카드의 점유율을 확대해나가고 있다.

---

5 http://moef.blog/221330766799

앞으로도 산업 간의 연계는 더욱 활발하고 적극적으로 이루어질 전망이다. 기업에 대한 효율적인 운영과 발전 가능성을 볼 때 기술적 분석뿐 아니라 다양한 산업으로 확장이 가능한지도 살펴보는 것이 중요하다.

기업의 광장, 플랫폼 사업을 주목하다

연계 사업의 다양성 중에서 주목하는 것은 플랫폼 사업이다. 궁금한 것이 있을 때 사람들이 찾는 네이버도 대표적인 플랫폼이다. 플랫폼이라는 단어가 최근 광범위하게 적용되고 있다. 스마트 시대에는 정거장이라고 표현한다. 정거장은 특정한 장소로 가기 위해 반드시 거쳐야 하는 곳이다. 그곳에서 사람과 사람, 사람과 사물, 사물과 사물이 이어진다. 스마트 시대에 플랫폼은 정보와 정보가 이어지고, 사업과 사업이 이어지고, 다양한 주체들이 만나는 연계점이 되고 있다.

애플과 구글, 아마존 같이 세계적으로 성공한 기업은 모두 플랫폼 구축에 성공해 기업의 가치를 높였다. 많은 기업이 플랫폼을 통해 생존 전략을 마련하고 있다. 소비자들은 시간이 지날수록 하나의 플랫폼을 통해 만족과 가치를 얻길 원하고 있다. 따라서 기업도 이에 맞게 플랫폼 안에서 새로운 경쟁 질서를 만들어야 한다.

우버, 에어비앤비, 배달의 민족과 같은 회사도 성공적인 플랫폼이다. 전 세계 스타트업 랭킹 100개 중 99개가 플랫폼 비즈니스인

플랫폼 구조[6]

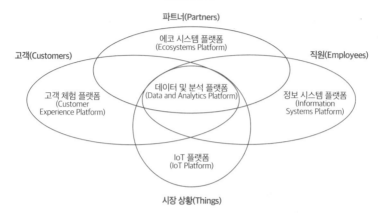

파트너(Partners)

에코 시스템 플랫폼
(Ecosystems Platform)

고객(Customers)

직원(Employees)

고객 체험 플랫폼
(Customer
Experience Platform)

데이터 및 분석 플랫폼
(Data and Analytics Platform)

정보 시스템 플랫폼
(Information
Systems Platform)

IoT 플랫폼
(IoT Platform)

시장 상황(Things)

적도 있었다. 우리나라에서 가장 핫한 회사로 꼽히는 카카오를 예로 들어보자. 얼마 전까지만 해도 카카오는 카카오톡으로만 알려져 있었다. 하지만 이제 카카오는 카카오 뱅크, 카카오 택시 등으로 확장되었다. 진출하지 않은 분야를 찾기 어려울 정도로 거의 모든 분야와 연계해 사업을 펼쳐나가고 있다. 이런 플랫폼 전략은 카카오의 주식을 급성장시켰고, 회사는 갈수록 단단해지고 있다.

플랫폼 전략이 요구되는 이유는 간단하다. 기술력을 갖춘 기업과 제휴를 맺으면 효율적으로 서비스를 할 수 있기 때문이다. 고객의 요구는 점점 다양해지고 있고, 다양한 요구에 응할 다양한 연계가 플랫폼에서 이루어지고 있다. 그 안에서 전혀 새로운 미디어로 통합

6 김민식, 이가희, '디지털 플랫폼과 인공지능의 이해', 정보통신산업진흥원, 2017. 10. 2

되는 일이 일어나고, 세상은 그것을 즐기고 원한다. 이제는 하나의 하드웨어로서의 가치보다 플랫폼으로서 지닌 가치가 더 중요해졌다.

우리 회사도 플랫폼 사업 전략을 짜고 있다. 자산 컨설팅 회사만으로 포지셔닝하는 것에 한계가 있기 때문이다. 주식 투자 컨설팅은 물론이고, 자산 관리의 또 다른 형태인 부동산 컨설팅부터 은행 결제 업무, 여러 정보를 취합할 수 있는 언론 매체, 사회 공헌 차원에서의 비영리 단체 등 재정을 활용한 다양한 플랫폼을 만들고자 하는 비전을 갖고 있다.

'대한민국 연봉킹 PB'라 불리는 NH 투자증권의 한 임원은 투자에 대한 조언을 하며 이렇게 말했다.

"제4차 산업혁명 시대의 대세 기업을 주목하라."

그가 말한 대세 기업은 플랫폼 사업이다. 편리함을 추구하는 정보 세상에서 고객의 불편함을 최소화하고, 그들이 원하는 것을 바로 연계할 수 있는 플랫폼 사업의 전망이 밝다는 것이다. 나 역시 그의 말에 공감한다. 여기저기에서 융·복합이 화두다. 이것이 바로 연계 사업의 최고봉이라 할 수 있는 플랫폼 사업을 주목해야 하는 이유다.

최종훈의 추천 종목

√ 추천 종목 ❶ 카카오(035720)

우리나라 대표 플랫폼 업체인 카카오는 플랫폼을 기반으로 콘텐츠 부분의 성장을 이루고 있다. 광고, 게임, 커머스 등으로 매출 성장을 꾀하면서 강력한 플랫폼을 무기로 뱅크, 페이, 모빌리티 등 신사업 부문을 계속해서 추가하고 있다. 실적 면에서도 투자 회수기에 진입하는 등 성장과 가치를 모두 보여주고 있다. 제4차 산업의 성장에 따른 매출 증가세는 계속해서 지속될 전망이다.

√ 추천 종목 ❷ 더존비즈온(012510)

우리나라 대표 회계 처리 프로그램인 더본을 보유한 회사다. 기업용 소프트웨어를 개발하는 더존비즈온은 더존을 기반으로 ERP, 클라우드 서비스, 전자 금융 서비스 등으로 그 영역을 확장하고 있다. 민간 기업뿐 아니라 공공기관까지 고객 기반을 확대해나가고 있다. 정부 전용 통합 업무 플랫폼 '위하고V'가 국내 최초로 정부의 클라우드 서비스 보안 인증을 획득했다. 플랫폼 사업의 성장 가능성과 기대감으로 성장세가 지속될 전망이다.

묻.지.마
실전 전략

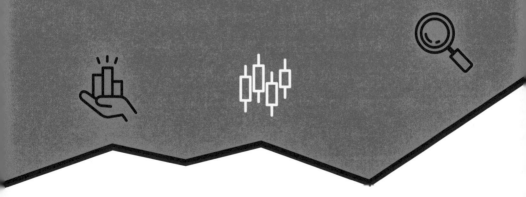

월가 영웅들에게
배우는 전략

주가가 오를 만한 종목을 알고 있다고 해서 늘 성공을 거두는 것은 아니다. 자본이 있을 때 무리한 투자를 하지 않을 가능성이 크다. 하지만 자본뿐 아니라 타이밍, 정보가 적절하게 조화될 때 기회가 찾아온다. 전 세계적으로 저성장 기조가 형성되었다. 이럴 때일수록 투자 원칙을 세우고 지키는 일이 중요하다. 스스로 깨닫고 터득한 전략을 쓸 때 위력을 발휘할 수 있다. 전 세계 자본이 모이는 미국 시장을 쥐락펴락한 전설의 투자자들은 자신들만의 투자 전략으로 전설이 되었다. 물론 100% 확률은 없지만 많은 이에게 회자되고 있는 만큼 고수들의 매매 전략을 참고하는 것도 좋은 방법이다.

벤저민 그레이엄: 가치주에 분산 투자하라

벤저민 그레이엄(1894~1976년)이 등장하기 전까지만 해도 월스트리트는 투기의 장이었다. 하지만 그가 등장한 이후 과학적 투자의 장으로 바뀌었다. 현대적인 증권 분석의 창시자, 가치 투자의 아버지라 불린 그레이엄은 1956년에 펀드운용사에서 은퇴할 때까지 가치 투자 이론을 바탕으로 장기적으로 주식에 투자해 높은 수익률을 기록했다. 특히나 재무제표가 무엇인지 알려져 있지 않은 시대에 기업의 가치를 살펴보면서 투자에 성공했다. 그 누구도 관심을 갖지 않던 재무제표를 분석해 회사의 과도한 잉여자산을 찾아냈고, 회사의 경영권과 의결권 대결을 벌여 승리하기도 했다.

그의 투자 전략은 가치 투자다. 1920년대 월가를 움직인 주식 투자 이론은 다우 이론으로 대표되는 기술적 분석이었다. 기업의 수익성이나 자산 가치를 제외하고 과거의 주가 흐름에 기초해 정확한 매매 시점을 잡아내는 게 투자의 핵심이었다. 하지만 그는 과거의 주가 움직임에만 의존해 판단하지 않고 기업의 가치와 수익성에 주목했다. 그는 투자와 투기를 확실히 구분했다.

'투자란 철저한 분석에 바탕을 두고 투자 원금의 안정성과 적절한 수익성을 보장하는 행위다. 안정성과 수익성을 충족시키지 못하는 행위는 투기다.'

그레이엄은 시장 예측에 기초해 타이밍을 노리는 행위를 투기라고 보았다. 그는 현명한 투자자란, '모두가 팔고 있는 약세장에서 매수해 모두가 사는 강세장에서 매도하는 사람'이라고 정의했다. 투자자의 가장 큰 관심사는 합리적인 주가로 거래되는 기업의 주식을 매수해 어떤 가치 기준으로도 정당화시킬 수 없을 만큼 주가가 높은 수준일 때까지 주식을 계속 보유하는 데 있다고 보았다.

그는 "합리적인 가격 수준, 즉 기업의 내재적 가치 이하로 거래되는 주식을 신중하게 선정해 분산 투자를 할 때 높은 투자 수익을 올릴 수 있다"라고 말했다. 이것이 그의 주식 투자 원리다. 물론 시절이 한참 지났기 때문에 수치는 감안해야 할 것이다.

- ‡ 10~30개 정도의 종목에 분산 투자하라.
- ‡ 현금 흐름이 우수하고 전망이 밝은 대형주로 투자 대상 종목을 한정하라.
- ‡ 적어도 20년 정도 오랜 기간 계속 배당금을 지급한 기업을 선택하라.
- ‡ 최근 1년간 주당 순이익의 20배, 7년간 평균 주당 순이익의 2.5배가 넘지 않는 주가의 종목을 선택하라.

필립 피셔: 성장 잠재력이 높은 기업에 투자하라

필립 피셔(1907~2004년) 역시 대공황의 시련을 겪으며 투자 이론을 정립한 투자자다. 피셔의 이론은 그레이엄과 반대된다. 그는 성장 잠재력이 뛰어난 기업을 보는 눈을 중요하게 생각했다. 성장 잠재력이 높은 기업이라면 장부 가치보다 높은 가격에 거래되어도 더 높은 투자 수익을 올릴 수 있다고 주장했다. 한마디로 피셔는 성장주 투자 이론을 월스트리트에 처음 소개한 개척자다.

그는 분산 투자에도 부정적이었다. 잘 모르는 여러 회사에 투자하는 것보다 자신이 잘 아는 소수의 회사에 집중적으로 투자하는 것이 낫다고 주장했다. 특히 그는 주가수익비율(PER)에 관한 자신만의 관점이 있었다. 이전까지 주가를 주당 순이익으로 나눈 것을 PER이라 하여 이 수치를 통해 해당 기업의 주가가 상대적으로 싼지 비싼지 판단했다면, 그는 주당 순이익에 PER을 곱한 것을 주가라고 보았다. 이는 PER이 높다 해서 주식이 비싸다거나 하는 판단을 하지 않겠다는 의미다.

피셔는 기술적·계량적 분석보다 증권가가 재평가하게 될 기업의 질적 가치를 투자의 최우선으로 삼았다. 그래서 수사하듯 철저히 현장 조사를 거쳐 투자할 기업을 선정했다. 탐정 같이 그가 찾아낸 종목은 모토로라, 텍사스 인스트루먼트, 다우케미컬, 레이캠 등 모두 성장성이 뛰어난 기술주였다. 피셔가 투자 기업을 찾는 원칙은 다음과 같다.

✝ 향후 매출액이 상당히 늘어날 만한 시장잠재력을 갖춘 제품과 서비스가 있는가.

✝최고 경영진은 시장이 어려울 때 매출을 늘릴 만한 신제품, 기술 개발에 대한 의지를 가지고 있는가.

✝회사의 규모를 감안했을 때 생산적인 연구 개발력을 가지고 있는가.

✝평균 수준 이상의 영업 조직인가.

✝충분한 영업이익률을 내고 있는가.

✝영업이익률 개선을 위해 노력하고 있는가.

✝노사 관계가 좋은가.

✝임원들의 관계가 좋은가.

✝기업 경영진이 탄탄한가.

✝원가 분석과 회계 관리 능력이 우수한가.

✝특별한 의미를 지닌 별도의 사업 부문을 갖고 있는가.

✝이익을 바라보는 시각이 단기적인가, 장기적인가.

✝미래 증자 계획이 현재 주주가 누리는 이익을 희석시킬 가능성이 있는가.

✝상황에 상관없이 경영진이 투자자들과 자유롭게 대화하는가.

✝의심할 여지없이 최고 경영진이 진실한가.

존 보글: 주식 투자자의 최대의 적은 비용과 감정이다

존 보글(1929~2019년)은 인덱스 펀드의 아버지라 불리는 투자자로, 인덱스 펀드를 출범시킨 주인공이다. 인덱스 펀드는 증권 시장의 장기적 성장 추세를 전제로 하여 특정 주가지수의 수익률과 동일하거나 유사하게 달성할 수 있도록 포트폴리오를 구성·운용한다. 시장의 평균 수익을 실현하는 것을 목표로 설계되고 운영된다.

이전까지 펀드는 펀드매니저의 판단으로 그때그때 종목을 교체하면서 적극적으로 포트폴리오를 운용했다. 보글은 수동적으로 시장을 추종하는, 주식 시장 전체를 벤치마킹하는 인덱스 펀드를 내놓았다. 시장을 따라가겠다는 투자 방식이었다.

인덱스 펀드의 장점은 수수료를 낮추고 운용비를 절약해 펀드 투자자의 수익률을 최대한 끌어올리는 것이다. 실제로 그가 세운 뱅가드그룹은 세계 최대 인덱스 펀드 운용사가 되었다. 인덱스 펀드가 갖는 이점은 우수한 투자 수익률을 올려주고, 시장 평균에 근접한 우수한 수익률을 안심하고 기대할 수 있다는 것이다.

인덱스 펀드는 파는 게 아니라 사는 것이다. 따라서 투자자가 제발로 찾아와야 한다. 그만큼 현실적으로 접근하며 허황된 욕심보다 현실적인 수익을 추구하는 투자 방식이다. 보글은 주식 투자자의 최대의 적은 비용과 감정이라고 생각했다. 지극히 현실적인 투자를 실천했던 보글의 투자 원칙을 되새겨볼 필요가 있다.

❦ 주식은 매매하는 것이 아니라 기업을 보유하는 것이다.
❦ 전체 시장 인덱스 펀드에 투자해 모든 기업을 소유하는 것이 완전한 위험 축소 전략이다.

✝장기적인 주식 시장에서의 실제 투자 수익이란, '연간 배당 수익
률+이익성장률'이다.

✝총 수익에서 비용을 공제하고, 시점 선택과 펀드 선택에서 입는
손실을 공제하면 펀드 투자자들이 차지하는 순수익이 된다.

윌리엄 오닐: 오르는 타이밍에 투자하라

윌리엄 오닐(1933~)은 '오르는 주식을 가장 좋은 타이밍에 사는
방법'을 정립한 투자 전문가다. 그는 직접 고안한 캔슬림(CAN SLIM)
전략으로 1년 만에 40배가 넘는 수익을 올리기도 했다.《시장의 마
법사들》의 저자 잭 슈웨거는 오닐을 '개성 있고 독창적인 전략의 트
레이더'라고 표현했다.

오닐은 통계 자료를 바탕으로 '가장 성공한 주식들의 모델'을 연
구함으로써 높은 투자수익률을 올린 주식들의 공통점을 찾아내 캔
슬림 모델 투자 방식을 세웠다. 오닐의 가장 중요한 전략은 주가가
오를 때만 주식을 사야 한다는 것이다. 그는 "바닥을 다지고 있는 종
목을 붙들고 기다리지 말고 오르기 시작하는 종목에 투자하라"라고
말했다. 그리고 이렇게 강조했다.

"너무 늦게 사도 안 되지만 너무 빨리 사도 안 된다. 손실 가능성
이 가장 적은 타이밍을 잡아야 한다".

그렇다고 해서 그는 차트만 맹신하는 기술적 분석가가 아니다.
그가 주장한 성공하는 주식 투자의 일곱 가지 특징을 살펴보면 분석

가적 기질이 다분하다.

✝ 현재 주당분기 순이익(Current Quarterly Earnings per Share)

: 최근 분기 EPS와 매출액의 전년 동기 대비 증가율 25% 이상

✝ 연간 순이익 증가율(Annual Earnings Increases)

: EPS가 최근 3년간 평균 25% 이상 성장, 자기자본이익률(ROE)

17% 이상

✝ 신제품, 경영 혁신, 신고가(New Product, New Management,

New Highs)

: 신제품이나 새로운 서비스, 혁신적인 경영 방식 도입

✝ 수요와 공급(Supply and Demand)

: 상승세를 나타낼 때 거래량도 큰 폭으로 증가

✝ 주도주인가, 소외주인가(Leaders or Leggard)

: 최근 1년간 주가상승률이 상장 주식 전체 가운데 상위 20% 이내

✝ 기관의 뒷받침(Institutions Sponsorship)

: 기관 투자자들의 매수가 늘어나는 주식

✝ 시장의 방향(Market Direction)

: 시장 전반의 흐름을 알아야 투자를 통한 이익 손실 결정

피터 린치: 연애하듯 투자하라

투자의 귀재 피터 린치(1944년~)의 신화는 폭락장에서 시작되
었다. 펀드 매니저로 일을 시작한 그는 마젤란 펀드를 운용하년

서 연평균 투자수익률 29.2%라는 수치를 기록했다. 누적 수익률은 2,703%였다. 그는 13년간 1만 5천 개에 이르는 종목의 주식을 매수했다. 그중에는 대기업 주식도 있었지만 토이저러스, 던킨도너츠, 타코벨 등 당시에는 잘 알려지지 않은 회사 주식도 많았다. 그는 생활 속에서 투자 아이디어를 발견해 오랜 기간 투자하여 꾸준한 수익률을 기록했다. 그를 전설로 만든 던킨도너츠 투자가 그 예다. 그는 매일 아침마다 소비되는 도너츠에 관심을 갖고 기업 분석을 거친 뒤 투자에 나서 큰 수익을 거두었다.

린치는 영업 실적이 극적으로 변화하는 기업을 찾는 것을 기업 분석의 궁극적인 목표로 삼았다. 먼저 기업 조사와 방문을 통해 수많은 투자 후보 기업을 선정했고, 극적으로 영업 실적이 호전되는 곳을 찾았다. 린치는 이런 말을 남겼다.

"어떤 업종에 대해 투자자들 대부분의 의견이 더 나빠지고 있다고 할 때까지 기다려라. 그리고 그때 그런 업종에서 가장 뛰어난 기업의 주식을 사라."

그의 말을 참고하며 그의 투자 원칙을 살펴보자.

✝ 최악의 업종에 속한 최고 기업에 투자하라.

✝ 주식의 실체는 기업이다. 기업의 실적을 살펴라.

✝ 주가의 바닥이 언제인지 결코 알 수 없다.

✝ 경제가 두 분기 연속 마이너스 성장할 때는 주식 시장도 가라앉

는다.

‡ 바보 천치라도 운영할 수 있는 회사에 배팅하라.

‡ 시장이 내리막에 있다 해도 펀드를 잘 고르면 보답받을 수 있다.

워런 버핏: 버핏처럼 투자하라

워런 버핏(1930~)은 이름 자체가 투자 브랜드가 되었다. 버핏과의 점심 식사가 원화로 35억 5천만 원에 낙찰될 정도다. 투자의 아버지, 투자의 귀재인 버핏은 월가의 살아 있는 전설이다. 여전히 활동 중인 그의 말 한마디에 전 세계가 귀를 기울인다. 버핏은 스승인 벤자민 그레이엄에게서 85%의 영향을, 필립 피셔에게서 15%의 영향을 받았다고 이야기한다. 버핏은 그들의 투자 이론을 자신의 것으로 받아들여 버핏화했다.

버핏은 내재 가치 이하로 거래되는 주식을 매수하되, 저가의 주식보다는 해당 업종에서 평판이 좋은 소수의 기업에 투자했다. 버핏이 투자하는 기업은 현재의 순자산 가치에 향후 예상되는 순이익과 현금 흐름을 감안한 내재 가치와 비교해 현재의 시가총액이 작고, 최고 경영진이 합리적이며, 향후 전망이 밝다는 공통점이 있다. 또한 버핏은 회사의 수익 구조를 볼 때 누가 봐도 쉽게 이해할 수 있는 단순한 구조여야 한다는 원칙을 가지고 있다. 버핏이 인수한 버크셔 해서웨이는 단 한 차례만 마이너스 수익을 기록했다. 투자 인생 42년 동안 그의 투자는 실패한 적이 거의 없다. 세계 최고의 부자로서

남다른 사회 공헌을 하고 있는 버핏의 투자 철학을 살펴보자.

✝ 기업을 매입하듯 주식을 매입하라.

✝ 주가가 내재 가치 이하인 기업의 주식만 매입하라.

✝ 절대로 손해 보지 말 것과 절대로 손해 보지 말아야 한다는 원칙을 절대로 잊지 마라.

✝ 10년 동안 보유할 주식이 아니라면 10분도 보유하지 마라.

투자의 방향성

지금은 누구나 원하는 정보를 얻을 수 있는 시대다. 이제 막 주식에 입문한 사람도 인터넷 검색을 통해 주식에 대한 정보를 얼마든지 얻을 수 있다. 유튜브를 보면, 각종 전문가가 투자에 대한 조언을 해준다. 투자 자문을 해주는 우리 같은 전문가들도 생소한 기법들이 매일매일 등장한다. 정보가 많다는 게 나쁘다고 할 수만은 없다. 그러나 솔직히 정보가 많으면 더 어렵고 헷갈리는 것이 사실이다. 절대로 그들을 폄하하는 게 아니다. 그들 나름대로 열심히 분석하고 실증을 통한 전략일 것이다.

디만 말하고 싶은 것은 단순한 매매 전략만 믿고 투자해서는 안된다는 것이다. 앞서 투자 고수들의 노하우를 언급한 것 역시 참고하라는 의미일 뿐, 그대로 따르라는 의미는 아니다. 오랜 시간 투자자로 살면서 나름 깨달은 경험의 축적이기에 존중하며 취할 것은 취하면 된다.

또 하나, 전략에 너무 빠져서는 안 된다. 시장은 늘 변한다. 우리에게 투자 자문을 구하는 분들 중에 정보나 전략에 심취한 나머지 기법을 묻는 분들이 종종 있다. '어떤 기법으로 얼마를 벌었다더라', '어떤 기법이 요즘 뜬다더라' 하는 이야기는 케이스 바이 케이스다. 투자의 본질은 기법에 있지 않다. 각종 보조 지표에 있는 것도 아니다. 기업의 가치와 산업의 흐름을 좇아 투자하는 마음으로 접근할 필요가 있다.

솔직히 전 세계 경제가 저성장에 머물면서 주식 시장의 파이가 적은 우리 주식 시장은 고전을 면치 못했다. 2018년 9월부터 주가가 무너지면서 보합세를 유지하는 등 전망이 밝지 않아 답답했다. 이런 상황에서 우리 회사를 찾은 고객들은 조급해했다. 어떻게 하면 빨리, 많은 수익을 거둘 수 있는지 묻고 또 물었다. 그 마음을 이해하지 못하는 것은 아니지만 아닌 건 아니라는 생각에 주식 시장의 현실을 조목조목 짚어주었다.

과연 단타로 수익을 볼 확률이 얼마나 되겠는가? 객관적인 데이터인 매일매일 집계되는 코스피, 코스닥 종목들을 1번부터 끝번까지 줄을 세워놓고 주가 변동을 살펴볼 때 단타, 즉 5% 이상 상승하는 종목이 몇 개나 될까? 수천 개에 달하는 종목 중에서 5% 이상 상승하는 종목이 몇 개나 될지 따져보면 50개가 채 되지 않는다(2019년 기준). 이것은 거의 손에 꼽을 정도로, 1% 미만의 수치다. 단타로 이익을 본다는 것은 매우 승률이 낮은 게임이다.

데이터와 확률로 접근하자 고객들은 수긍하는 눈치였다. 그리고는 나의 계획을 물었다. 내 대답은 한결같다. 그야말로 기업을 보고, 발전 가능성을 보고, 산업의 흐름을 보고 투자해야 한다. 단타보다는 조금 더 호흡을 길게 보고 가거나 변주하는 식이다. 실적이 있는 종목 중에 낙폭이 적고 유통 주식 수가 적은 종목, 대주주가 50% 이상의 주식을 보유한 종목, 특히 정보 분석을 통해 대주주가 그대로 있고 유상증자가 대주주보다 더 많은 주식 수를 보유한 M&A 관련 주도 투자해볼 만하다.

또 하나 중요한 기준은 투자자의 성향이다. 투자자의 성향과 투자에 대한 철학에 따라 전략이 달라진다. 그저 수익만 내면 된다는 경우와 수익을 생각하되 공격적인 성향을 가지고 있으니 공격적인 투자를 원한다고 하는 경우는 결과가 다르다. 사람이 하는 일이기 때문에 투자 성향에 따라 진행 속도와 방법이 달라진다. 과정보다 결과가 우선인 경우, 눈에 보이는 성과를 중요하게 생각하기에 투자처를 정하되, 당장 내일이라도 살 수 있는 것을 빠르게 선택한다. 안정적인 성향이 강한 경우에는 직접 투자가 아닌 펀드 투자나 대형 우량주를 선택한다.

주식 투자에 있어 고수해야 할 원칙도 있다. 바로 손절이다. 누구나 가장 어려워하는 것이 손절이다. 어느 시점에서 털고 나오느냐, 이것은 자신과의 싸움이자 약속이다. 투자가 투기가 되지 않도록 막아주는 마지노선이기도 하다.

누구나 투자를 통해 수익을 얻길 원하지만 수익을 내는 것은 쉬운 일이 아니다. 예상치 못한 악재, 미처 생각지 못한 시장의 변화가 생길 수도 있다. 주가가 떨어져 손해를 볼 때, 어느 시점에서 빠져나와야 할지 손절 라인을 정해둘 필요가 있다. 개인적으로 정한 손절 라인은 5~10%다. 손해를 봤다는 뼈저린 아픔과 회복될 거란 기대감 때문에 손절 라인을 지키기가 쉽지 않다. 하지만 손절 라인은 반드시 지켜야 한다. 손절한 시점에서 주가가 상한가를 치더라도 그 수익은 내 것이 아니라고 생각해야 다음 행보를 이어갈 수 있다.

손절 라인이 있으면 수익 라인도 있을까? 그렇다. 수익 라인은 보통 20~30%로 정하는 것이 좋다. 주가가 상승세에 있다거나 전체적인 시장의 흐름이 좋은 상황에서 상승 바람을 타고 있을 때는 조금 더 지켜보는 것도 좋다. 드문 경우이지만 나의 경우, 1,400% 수익을 낸 적이 있다. 개인적으로 잡은 기준에 크게 상회했는데, 그때는 특별한 모멘텀이 있었다. 그에 대한 확신이 있었기에 밀고 갈 수 있었다. 그러나 대개는 그런 상황이 아니다. 그러므로 수익 라인이 20~30% 정도일 때 빠져나오는 게 개인 투자자에게 안정적인 기준이 될 것이다.

전략은 늘 바뀐다. 시장도 늘 변화의 중심 속에 있다. 이 속에서 우리는 방향을 잘 지키고 나가야 한다. 정리하면 다음과 같은 투자 방향을 잡을 수 있다.

‡ 기업의 성장 발전 가능성을 보는 가치투자를 하라.

‡ 자신의 투자 성향을 반드시 파악하라.

‡ 손절 라인과 수익 라인을 무조건 정하고, 지켜라.

‡ 낙폭이 적고 유통 주식 수가 적은 종목을 겨냥하라.

확률 90% 매매 전략

투자 방향성이 잡혔다면 지금부터 조금 더 실질적인 실전 전략을 알아보려 한다. 2020년에 어떤 분야가 유망한지 살펴보았다면 조금 더 구체적으로 종목 매매에 대한 방법을 알아보자. 분명 도움이 될 것이다. 여기서 공개하는 매매 기법은 종전의 것들과 크게 다르지 않다. 새롭게 기법 이름을 정하지도 않았다. 굳이 표현하자면 '실적 이슈에 따른 매매 전략'이다. 또한 감히 표현하자면 '확률 90% 매매 전략'이다. 이는 다음과 같은 두 단계를 거쳐야 효과를 극대화할 수 있다.

1단계: 턴어라운드를 주목하라

'확률 90%'라는 표현에 반신반의할 수도 있다. 이는 주가가 오를 것이 거의 확실하다는 말이다. 요즘 같이 저성장 시대에 과연 가능할까 싶을 것이다. 단기간에 떼돈을 벌길 바라면서 막상 90% 확률 전략이라고 하면 반신반의하는 게 참 아이러니하다.

오랜 시간 검증해본 결과, 확률 90%인 성공적인 매매 기법이 있다. 이른바 턴어라운드 종목 매매다. 앞서 기술적 분석과 기본적 분석에 대해 언급했다. 그것보다 더 확실한 방법이 턴어라운드 종목을 매매하는 것이다. 적어도 지금까지 경험한 바에 의하면 그렇다.

매일매일 업데이트되는 주식 시세를 살펴보면 수많은 종목이 상한가인지 하한가인지와 전일 대비 등락률, 거래량 등이 표기된다. 이런 수치를 통해 그 종목이 앞으로 오를 것인지 아닌지를 가늠하는 일에는 경험과 촉이 필요하다.

우리가 집중해서 볼 부분은 실적 이슈다. 코스닥이나 코스피 각 종목은 실적 이슈가 있다. 실적주 종목에서 턴어라운드하는 종목을 찾는 것이다. 턴어라운드란, 말 그대로 실적이 돌아선 경우다. 기업 차원에서 각고의 경영 노력 끝에 수익이 개선되면 주가는 턴어라운드한다. 턴어라운드하는 종목의 기업을 살펴보면 구조조정이나 사업 재편, 신설 사업 추진 등을 통해 수익 개선을 위해 노력한다. 그런 종목을 매매할 때 성공률이 90% 이상이다.

다음은 지난 2016년도 6월, 잠정 실적 발표 자료다. 하이라이트로 표시된 것이 턴어라운드 종목이다. 이 중 한라의 주식을 매수했다. 잠정 실적 발표가 나고 매수한 뒤 주가는 꾸준히 상승했다. 결과

종목코드	종목명	실적이슈	Sector	시장	결산구분	연결구분	분기실적(억 원)				
							매출액	영업이익	순이익	지배주순이익	매출액
A003850	보령제약		제약 및 바이오	유	2Q	별도	1,062	106	95		5.5
A009520	포스코엠텍	컨상	소재	코	2Q	별도	682	41	27		-23.7
A012280	영화금속		자동차 및 부품	유	2Q	별도	384	40	32		-10.7
A012510	더존비즈온	컨상	소프트웨어	유	2Q	별도	417	98	70		11.1
A022100	포스코 ICT	컨상	소프트웨어	코	2Q	별도	2,112	116	64		3.9
A067830	세이브존I&C		유통	유	2Q	별도	458	112	87		-3.1
A222040	뉴트리바이오텍	컨상	음식료 및 담배	코	2Q	연결	327	58	43	43	69.1
A001230	동국제강	컨상	소재	유	2Q	연결	14,224	1,225	1,298		-4.7
A010120	LS산전	컨하	자본재	유	2Q	연결	5,255	319	202	204	-4.8
A010950	S-OIL	컨상	에너지	유	2Q	연결	41,984	6,429	4,452	4,452	-18.4
A012510	더존비즈온	컨상	소프트웨어	유	2Q	연결	423	97	70	69	10.1
A014790	한라	턴어	자본재	유	2Q	연결	4,505	244	39	46	4.7
A041920	메디아나		의료 장비 및 서비스	코	2Q	연결	147	26	24	24	38.7
A178920	SKC코오롱PI		소재	코	2Q	별도	365	74	51		40.9
A004020	현대제철	컨하	소재	유	2Q	별도	36,151	3,522	2,011		-2.4
A023790	동일철강	턴어	소재	코	2Q	별도	149	15	23		-9
A049830	승일		소재	코	2Q	별도	409	33	24		6.2
A136540	윈스		소프트웨어	코	2Q	별도	156	20	19		-1.9
A004020	현대제철	컨하	소재	유	2Q	연결	42,257	4,322	2,546	2,435	5.8
A008770	호텔신라	컨하	소비자 서비스	유	2Q	연결	9,541	187	28	28	13
A009150	삼성전기	컨하	하드웨어	유	2Q	연결	16,164	152	194	165	0.9
A010060	OCI	컨상	에너지	유	2Q	연결	6,637	471	1,225	1,494	9
A067280	멀티캠퍼스		소비자 서비스	코	2Q	연결	495	54	38	38	40.9
A086790	하나금융지주	컨하	은행	유	2Q	연결		4,218	3,754	3521	
A096770	SK이노베이션	컨상	에너지	유	2Q	연결	102,802	11,195	6,258	6,114	-20.9
A108670	LG하우스	컨하	자본재	유	2Q	연결	7,660	497	315	316	5.8

적으로 11.44%의 수익을 얻었다.

　턴어라운드 종목인 동일철강 역시 비슷한 시기에 매수한 뒤 22.33%의 높은 수익을 얻었다. 이 책에 검증 자료를 모두 제공할 수 는 없으나 턴어라운드 종목 매수·매도를 시도해본 결과, 성공률이 90%가 넘는다는 사실을 발견했다.

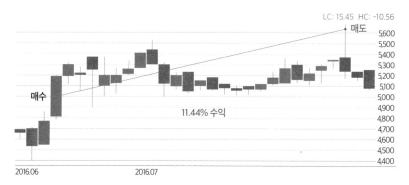

한라의 턴어라운드 후 매매 시 수익률

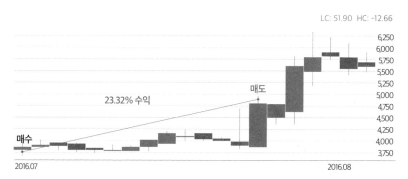

동일철강의 턴어라운드 후 매매 시 수익률

2단계: 턴어라운드, 실적 발표 20일 전 매수 전략

턴어라운드 종목 매수라는 이슈를 알았다면, 이제 좀 더 확실히 수익을 낼 수 있는 매수 시점에 대해 알아보도록 하자. 보통 기업에서 실적을 발표할 때 잠정 실적 발표를 하고, 그 뒤에 실적 발표를 한다. 시간 간격이 있기 마련이다. 수익을 보장받기 위해 실적 발표가 난 뒤에 매수를 하면 수익률은 저하된 상태일 가능성이 크다. 따라서 매수 시점을 잘 잡아야 한다. 극대화된 수익을 내기 위해서는 실적 발표 20일 전쯤에 매수를 하는 게 가장 좋다.

왜 20일 전일까? 그 정도 기간을 두고 매수해야 주식이 상승세를 타며 오를 수 있기 때문이다. 이 역시 우리 회사가 시행착오 끝에 얻은 결론이다. 문제는 실적 발표 20일 전에 이 자료를 어떻게 얻느냐 하는 것이다. 이는 전문가의 영역이므로 전문가와 잘 상의해보아야 한다.

그렇다면 과연 턴어라운드 종목의 실적 발표 20일 전 매수 기법이 정말 확률이 좋은지 검증해보도록 하자.

하이라이트로 표시된 턴어라운드 종목을 살펴보자. 이수화학의 실적 발표는 2006년 8월 9일에 있었고, 이 발표가 나기 20일 전에 매수했을 때의 결과다. 표를 통해 알 수 있듯 7.51%의 수익을 얻었다.

또 다른 결과도 살펴보자. 턴어라운드 종목의 조금 이른 매수(7월 25일)를 통해 얻은 수익은 기업마다 다르지만 대부분 수익을 냈다. SKC 솔믹스와 디에스티로봇(현 휴림로봇) 모두 상당히 높은 수익을

종목코드	종목명	실적이슈	Sector	시장	결산구분	연결구분	분기실적(억 원)				전년동기대비(%)				발표구분	공시일
							매출액	영업이익	순이익	지배주주순이익	매출액	영업이익	순이익	지배주주순이익		
A099220	SDN		에너지	코	2Q	연결	113	15	11	11	6.1	74.1	-19.6	-19.6	잠정	2016-08-09
A005950	이수화학	턴어	소재	유	2Q	연결	3,997	207	227	193	-1.9	694.4	흑전	흑전	잠정	2016-08-09
A203690	프로스테믹스		제약 및 바이오	코	2Q	연결	37	10	11		13.4	-22.1	13.7		잠정	2016-08-09
A206640	바디텍메드	컨하	의료 장비 및 서비스	코	2Q	연결	157	43	37	37	48.6	25.6	29.4	29.4	잠정	2016-08-09
A013030	하이록코리아	컨하	자본재	코	2Q	연결	455	98	76	75	-21.1	-38.4	-44.8	-45.5	잠정	2016-08-09
A013310	아진산업		자동차 및 부품	코	2Q	연결	1,332	120	76	76	62.8	42.9	55	55	잠정	2016-08-09
A016100	리더스코스메틱		생활용품	코	2Q	연결	487	83	1	-7	-7.8	-32	-98.9	적전	잠정	2016-08-09
A024950	삼천리자전거		내구소비재 및 의류	코	2Q	연결	548	73	65	68	10.9	-23.8	-13.1		잠정	2016-08-09
A034830	한국토지신탁		부동산	유	2Q	연결	380	246	187	187	3.1	-2	-4	-4.4	잠정	2016-08-09
A093320	케이아이엔엑스		소프트웨어	코	2Q	연결	112	23	22	20	7.3	44.6	121.8	134.4	잠정	2016-08-09
A003560	IHQ		미디어	유	2Q	별도	261	30	8		-9.4	-31.8	-78.5		잠정	2016-08-09
A005950	이수화학	턴어	소재	유	2Q	별도	2,467	127	159		-19.1	394.6	흑전		잠정	2016-08-09
A010660	화천기계		자본재	유	2Q	별도	542	10	11		-24	-65.6	-59.6		잠정	2016-08-09
A051360	토비스		디스플레이	코	2Q	별도	1,118	77	59		26.2	11.3	19.7		잠정	2016-08-09
A092730	네오팜		생활용품	코	2Q	별도	95	22	18		39.5	99.5	114		잠정	2016-08-09
A094850	참좋은레져		내구소비재 및 의류	코	2Q	별도	204	30	27		-13	159.1	171.6		잠정	2016-08-09
A226320	잇츠스킨		생활용품	유	2Q	별도	619	142	109		5.5	-2.2	-7.4		잠정	2016-08-09
A003560	IHQ		미디어	유	2Q	연결	289	27	4	5	-11.1	10.4	-82.7	-83.4	잠정	2016-08-09
A139130	DGB금융지주	컨하	은행	유	2Q	연결		1,135	852	817		-7.3	-13.4	-13.0	잠성	2016-08-00

이수화학 실적 발표 20일 전 매수 시 수익률

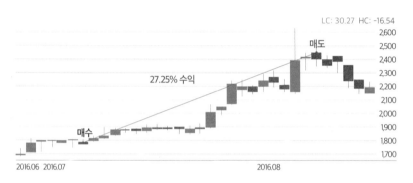

SKC 솔믹스 7월 25일 매수 시 수익률

휴림로봇(구 디에스티로봇) 7월 25일 매수 시 수익률

Part 4. 묻.지.마 실전 전략

종목 코드	종목명	실적이슈	Sector	시장	결산구분	연결구분	분기 실적(억 원)				전년동기대비(%)				발표구분	공시일
							매출액	영업이익	순이익	지배주주순이익	매출액	영업이익	순이익	지배주주순이익		
A121600	나노신소재		소재	코	2Q	연결	94	14	16	16	11.2	-5.1	0.2	0.2	잠정	2016-08-08
A011790	SKC	컨하	소재	유	2Q	연결	5,810	422	477	457	-5.8	-26.4	107.7	74.6	잠정	2016-08-08
A192820	코스맥스	컨하	생활용품	유	2Q	연결	1,977	182	104	112	33.3	31.4	9.9	12.5	잠정	2016-08-08
A228850	레이언스	컨하	의료 장비 및 서비스	코	2Q	연결	245	49	35	35	18.3	2.4	20.4	20.4	잠정	2016-08-08
A014620	성광벤드	컨하	자본재	코	2Q	연결	532	17	18	18	-16.6	-75.3	-70.8	-70.8	잠정	2016-08-08
A043150	바텍	컨상	의료 장비 및 서비스	코	2Q	연결	645	155	122	92	14.2	28.6	19.9	6.8	잠정	2016-08-08
A043590	크로바하이텍		하드웨어	코	2Q	연결	145	5	-14	-14	12.1	흑전	적지	적지	잠정	2016-08-08
A044820	코스맥스비티아이		음식료 및 담배	유	2Q	연결	704	67	76	52	36.6	56	36.9	22.8	잠정	2016-08-08
A049960	쎌바이오텍	컨상	제약 및 바이오	코	2Q	연결	155	72	59	59	16.4	56.2	37	37	잠정	2016-08-08
A050760	에스폴리텍	턴어	자본재	코	2Q	연결	288	13	10	10	18.2	흑전	흑전	흑전	잠정	2016-08-08
A052460	아이크래프트		소프트웨어	코	2Q	연결	245	30	23	23	27.8	30.1	24	24	잠정	2016-08-08
A057050	현대홈쇼핑	컨하	유통	유	2Q	연결	2,369	266	240	240	9.1	7.2	6.6	6.6	잠정	2016-08-08
A057500	SKC솔믹스	턴어	반도체	코	2Q	연결	287	17	4	4	2.6	-8.9	흑전	흑전	잠정	2016-08-08
A066970	엘앤에프	턴어	하드웨어	코	2Q	연결	582	35	20	21	5.2	흑전	흑전	흑전	잠정	2016-08-08
A069260	휴켐스	컨상	소재	유	2Q	연결	1,567	221	162	180	14.5	78.3	37.6	53.4	잠정	2016-08-08
A073560	우리손에프앤지		음식료 및 담배	코	2Q	연결	485	146	92	87	33	3.6	-7.8	-11.2	잠정	2016-08-08
A078520	에이블씨엔씨	컨하	생활용품	유	2Q	연결	1,084	61	51	51	-1.6	-6.4	-8.3	-8.3	잠정	2016-08-08
A090710	디에스티로봇	턴어	자본재	코	2Q	연결	105	4	2	2	119	흑전	흑전	흑전	잠정	2016-08-08
A092600	넥스트칩		하드웨어	코	2Q	연결	185	-1	12	12	18.8	적전	-55.3	-53.7	잠정	2016-08-08
A095610	테스	컨상	반도체	코	2Q	연결	350	61	54	55	24.8	48.7	-20.9	-21	잠정	2016-08-08
A012790	신일제약		제약 및 바이오	코	2Q	별도	122	28	26		10.8	-5.3	10		잠정	2016-08-08
A023160	태광		자본재	코	2Q	별도	630	42	37		-12	-34.9	-47.3		잠정	2016-08-08
A050760	에스폴리텍		자본재	코	2Q	별도	287	17	12		20.9	251.5	186.6		잠정	2016-08-08
A051390	YW		내구소비재 및 의류	코	2Q	별도	75	7	5		181.3	135.2	276.1		잠정	2016-08-08
A052460	아이크래프트		소프트웨어	코	2Q	별도	244	31	25		27.4	31.6	32.2		잠정	2016-08-08
A057050	현대홈쇼핑	컨상	유통	유	2Q	별도	2,353	338	273		9	29.8	18.8		잠정	2016-08-08
A065570	삼영이엔씨		자본재	코	2Q	별도	109	20	19		46.5	168.6	104.7		잠정	2016-08-08

냈다.

물론 턴어라운드 종목 중에서 실적 발표 20일 전에 매수했다가 손해를 본 종목도 하나가 있었다. 하지만 전체적인 확률은 90% 이상이었다는 사실이 중요하다. 100% 승률은 존재하지 않는다.

주식 투자의 매매 기법은 많지만 그중에서도 턴어라운드 종목의 이른 매수 전략은 기업의 가능성을 본다는 차원에서 기술적 분석이 들어간 것으로, 승부수를 띄우는 기법으로 충분하다.

해외 투자를 위한 포트폴리오

2020년 경제는 저금리 기조를 유지할 것이다. 투자의 귀재 워런 버핏도 계속해서 '저금리 시대'를 언급하고 있다. 이것이 투자의 발목을 잡는다. 고금리 때는 투자가 쉬운데, 저금리 때는 조금 복잡해진다. 이런 때는 방법을 바꾸어 개인별 성향에 맞춰 목표 수익률을 조정해야 한다. 그러다 보면 개인 금융 자산의 다변화가 불가피해진다. 아무래도 투자의 변화가 생기다 보니 새로운 기회를 모색하고, 투자 효율성 제고를 위한 해외 투자를 확대할 필요도 있다.

이때 보수적인 관리를 위한 위험 관리가 요구된다. 특히 부동산 경기 침체로 인해 부동산을 현금화시켜 해외 자산 쪽으로 옮기는 방법도 생각해볼 수 있다. 국내에만 머물렀던 자본이 한계치에 도달했다는 생각이 들면 해외로 빠져나가는 자금을 잘 배분하는 것이 중요하다. 이때는 정보 싸움이 중요하다. 먼저 선점하는 자가 이기기 때문이다. 따라서 마지막으로 국내 주식 투자 외에 해외 투자에 대한 이야기를 해보고자 한다.

'계란을 한 바구니에 담지 마라.'

이 말은 귀가 따갑도록 들었을 것이다. 계란을 한 바구니에 담아놓으면 살짝만 충격을 가해도 깨져버린다. 하지만 몇 알씩 몇 바구니를 만들어놓으면 어느 한 곳에 충격이 갔을 때 그 바구니의 것만 깨지고 나머지는 안전하다. 이는 주식 투자에서 가장 많이 활용되는 격언이기도 하다. 한 바구니에 담지 말고 자산을 나누어 분산 투자하라는 의미다.

수많은 고객이 계란을 한 바구니에 담아 혼이 난 경우를 많이 보았다. 귀가 따갑도록 들은 말이지만 실천하기가 어려운가 보다. 왜 자꾸 실수를 하는지 살펴보니, 분산이 제대로 되어 있지 않았다.

하루는 한 고객이 내게 분산 투자에 대한 설명을 열심히 듣고는 백 배 공감하셨다. 분산 투자 이야기는 아무리 들어도 공감이 된다며 이렇게 말씀하셨다.

"대표님, 그래도 제 자산으로 투자를 하는 만큼 포트폴리오를 한번 짜보겠습니다. 지금 이야기 들은 대로 분산 투자를 염두에 두겠습니다."

열심히 노력하는 모습이 보기 좋아 그렇게 하라고 한 뒤 여러 가지 투자 정보를 알려드렸다. 며칠 뒤, 고객이 다시 찾아왔다. 자신이 생각해도 포트폴리오를 잘 짰는지 자신 있는 표정이었다. 나는 고객이 건넨 포트폴리오를 보면서 어떤 표정을 지어야 할지 몰라 당황했다. 자금을 잘 분산시키기는 했지만 결국 고객이 짠 포트폴리오는 한 바구니에 담은 것이었다. 열 마디로 돌려 말하는 것보다 한 마디로 팩트 폭격을 하는 게 낫겠다는 생각이 들어 직언을 했다.

"고객님, 지금 이 포트폴리오는 한 곳에 투자하셨다고 봐도 무방합니다."

"네? 그럴 리가요. 열 군데가 넘는 기업에 투자했는데요?"

"자, 지금부터 설명해드리겠습니다. 지금 표시하는 기업들이 어느 산업 섹터에 들어가 있는지 말씀해보시겠어요?"

처음에는 당당하던 고객의 목소리가 점차 작아졌다. 결국 바이오 관련 주식에 몽땅 투자한 포트폴리오라는 것을 알아차린 것이다. 내가 말한 분산 투자는 주식이면 어떤 산업 섹터의 주식, 손실을 줄이기 위한 안정적 채권, 펀드 등의 분야별 포트폴리오였다. 이러한 실수는 아주 흔하다. 전문가들이 보고 바로잡아주면 된다. 하지만 그런 방어력이 없는 경우, 자기 노력으로 알아내야 한다.

그런데 이 시점에서 의문도 들 것이다. 계란을 한 바구니에 담아서는 절대 안 되는 것일까? 누구나 소유하고 싶은 삼성전자 주식이라면 좀 다르지 않을까? 이 주식의 경우, 한 바구니에 모든 달걀을 넣으면 그 수익이 어마어마할 테니 말이다. 하지만 반대의 경우는 어떨지 생각해보라. 주식에는 늘 양면성이 있다. 돈이 왔다 갔다 하는 것이기 때문에 그 양면성이 극단으로 가서는 안 된다. 적절한 분배가 좋다.

그렇다면 어떻게, 얼마나 분배하는 것이 좋을까? 이에 대해서는 의견이 갈린다. 피터 린치는 소규모 포트폴리오의 경우, 3~10개 정도의 종목을 보유하고 있으면 마음이 편해질 것이라고 말했고, 더 앞선 투자의 고수 벤저민 그레이엄은 20개 정도의 기업을 말했다.

한마디로 그때그때 상황에 따라 다르고, 투자 성향에 따라서도 달라질 수 있다. 공격적인 것을 싫어하는 성향에 안전 제일주의라면 좀 더 세분화된 투자를 시도해 손실 확률을 줄여주어야 한다. 그게 아닌 사람은 좀 더 공격적인 종목을 선택하는 전략을 취할 수 있다. 중요한 것은 해외 투자를 위한 진정한 포트폴리오를 짜는 것이다.

2020 포트폴리오 해외 투자 조언

2020년 저금리 시대의 포트폴리오 투자를 위해 해외 투자를 원한다면 다섯 가지 바구니를 마련하는 것이 좋다. 첫 번째 바구니는 안정적인 투자 패턴을 위한 펀드다. 펀드의 종류는 수만 가지다. 그중 농축수산업 분야의 섹터로 눈을 돌려보자. 현재 전 세계 인구가 증가하면서 식량 자원의 수요가 늘고 있다. 하지만 환경은 나날이 파괴되고 있다. 산업이 아무리 발전하고 가지를 뻗어간다고 해도 결국 먹을거리로 돌아온다. 한 자료에 따르면 2050년까지 식량 자원이 약 70% 증대되어야 한다고 한다. 대체에너지의 바이오 연료 수요가 증대하면서 그의 공급 원료가 되는 농산물의 수요도 증가하고 있다.

기후 변화에 따른 농산물들이 개발됨에 따라 농산물 가격 변동도 증가할 것이다. 이러한 투자 포인트를 살펴 농축수산물 관련 펀드에 투자하면 성공을 거둘 수도 있다.

안전성 있는 펀드 투자와 함께 분산해야 할 두 번째 바구니는 산업용 부동산 펀드다. 부동산 투자에 대한 부정적 견해와 달리 상업용 부동산 펀드는 해볼 만하다. 부동산 펀드의 경우, 안정적인 임대 수익을 약속하고, 시가배당률이 3.7%이기 때문에 낮은 부채 비율과 임대료 발생 비중이 높은 상업용 부동산(리츠)에 투자할 수 있다. 상업용 부동산 펀드의 경우, 우리나라뿐 아니라 미국, 유럽, 호주, 일본, 홍콩 등 해외 펀드로 운영한다. 개인이 투자하기보다 전문가의 의뢰를 받아 투자 정보를 확실하게 파악한 뒤 투자하는 것이 바람직하다.

세 번째 바구니는 미국 국채다. 달러가 세계 화폐의 기준인 만큼 달러 국채는 안정성과 현금성이 있다.

네 번째 바구니는 앞으로 발전 가능성이 있는 산업군이다. 특히 눈여겨보고 있는 섹터는 헬스케어와 기술주 혁신 기업 펀드다. 헬스케어 분야는 지금도 그렇지만 앞으로도 전 세계적인 니즈가 있을 것이 분명하다. 수명이 연장되면서 그에 따라 케어에 대한 요구가 늘어나는 것이 당연하다. 기술 혁신 기업 펀드의 경우, 혁신에 포인트를 둘 필요가 있다. 혁신에서 경쟁적 우위 및 성장 잠재력을 포착하는 시장 주도의 미국 대형주, 중형주에 집중 투자하라고 조언하고 싶다.

우리나라 상황을 볼 때 현재와 같은 무역 분쟁 중에 기술주를 소유하고 있으면 수익률이 좋다. 왜 그럴까? 기업의 기술력이 따라가지 못하면 결국 자본이 이긴다. 기술력이 있고 자본까지 갖췄다면 당연히 승률이 높다. 삼성이 그렇다.

최근 한일 관계 악화로 반도체 산업에 적신호가 켜졌다. 일각에서는 삼성이 무너지면 어쩌나 걱정하기도 했다. 그러나 결과는 달랐다. 다른 나라에서 원료 공급에 대한 가능성이 제기되면서 삼성만의 융합 기술력과 인력의 결집력, 거대한 자본력이 반도체를 나락에서 건져 올렸다. 이와 같은 사실을 통해 기술력을 지닌 기업, 부품 하나하나에 장인 정신이 깃든 부품 제조 기술이 아닌 그것들을 융합시키고 조합할 수 있는 통합적 기술력을 갖춘 기업은 살아남는다는 것을 알게 되었다.

마지막 다섯 번째 바구니는 지역을 분산한 투자다. 예전에는 상황도 잘 모르는 해외 기업에 투자해 실패한 경우가 많았다. 그러나 이제는 글로벌화로 인해 온라인 정보가 공유되고, 전문가 집단의 분석과 조언을 바탕으로 가능성이 있다고 보고 있다. 글로벌 상업용 부동산 펀드, 미국 국채 등도 그런 이유에서 권하는 것이다.

미국 시장만 있는 것이 아니다. 중국도 눈여겨볼 필요가 있다. 중국 시장이 거대한 만큼 중국 주식 시장으로의 진입도 꾀할 만하다. 중국 기업 투자를 고려하고 있다면 독과점 기업 주식 투자를 권하고 싶다. 예를 들어 중국 헬스케어 산업의 대표 기업, 중국 정부의 신에너지 자동차 수혜를 받고 있는 기업, 중국 내 시장점유율이 70% 이상인 기업을 조사하면서 발전 가능성과 전망을 통해 직접 투자해보는 것도 좋다.

이렇게 다섯 바구니로 나눈 것이 정답은 아니다. 국내 투자는 또 다른 바구니가 될 수 있다. 말하고자 하는 분산 투자의 핵심은 국내 기업 투자뿐 아니라 국채, 부동산, 펀드 등 자본의 성격이 다른 바구니를 찾아 넣는 것이다. 다만 국내 주식 투자를 벗어나 해외 투자를 꾀할 때 지금의 상황에 가장 안정적이라고 생각되는 포트폴리오임을 밝히고자 한다.

주식 시장은 세계 경제와 함께 변화하고 있다. 그 변화 속도가 매우 빠르기 때문에 오늘의 안정된 투자처가 내일의 불안처가 될 수도 있다. 이때 투자의 기본 자세를 지키는 것이 중요하다. 서두에서 밝힌 바와 같이 언제나 시장의 흐름을 읽으며 물어야 한다. 시장에 묻고, 자기 스스로에게 묻고, 전문가에게 물어야 한다.

그리고 지금과 같은 저성장 시대에는 자산을 지키는 것이 필요하다. 지키지 못하면 늘릴 수도 없다. 지키면서 승부수를 띄워야 한다. 주식 시장의 전망은 늘 불안했다. 분명한 것은 그럼에도 수익은 발생한다는 것이다. 알맞은 수익과 적절한 배분으로 분수를 지킬 줄 알아야 한다. 그러한 태도로 냉정하게 투자의 세계를 바라본다면 희망이 있다.

묻고
지키고
마크하는
주식투자

지은이 | 최종훈
펴낸이 | 박상란
1판 1쇄 | 2020년 2월 20일
펴낸곳 | 피톤치드
교정교열 | 김동화 디자인 | 김다은
경영·마케팅 | 박병기
출판등록 | 제 387-2013-000029호
등록번호 | 130-92-85998
주소 | 경기도 부천시 길주로 262 이안더클래식 133호
전화 | 070-7362-3488
팩스 | 0303-3449-0319
이메일 | phytonbook@naver.com

ISBN | 979-11-86692-43-1 (03320)

「이 도서의 국립중앙도서관 출판예정도서목록(CIP)은 서지정보유통지원시스템 홈페이지(http://seoji.nl.go.kr)와 국가자료
공동목록시스템(http://www.nl.go.kr/kolisnet)에서 이용하실 수 있습니다.(CIP제어번호 : CIP2020003776)」